用文字照亮每个人的精神夜空

微信 | 微博 | 豆瓣　领读文化

凡所初学，入门须正，立志须高

初学记系列

02

大美千字

杨昊鸥　著

湖南人民出版社·长沙·

图书在版编目（CIP）数据

大美千字 / 杨昊鸥著. 一长沙：湖南人民出版社，2023.2
ISBN 978-7-5561-3108-2

I. ①大… II. ①杨… III. ①古汉语 — 启蒙读物②《千字文》— 研究 IV. ①H194.1

中国版本图书馆CIP数据核字（2022）第230791号

大美千字
DA MEI QIAN ZI

著　　者：杨昊鸥
选题策划：北京领读文化
产品经理：领　读·孙旭宏
责任编辑：刘　婷
责任校对：夏丽芬
装帧设计：卿　松[八月之光]

出版发行：湖南人民出版社有限责任公司［http://www.hnppp.com］
地　　址：长沙市营盘东路3号　邮　编：410005　电　话：0731-82683327

印　　刷：长沙超峰印刷有限公司
版　　次：2023年2月第1版　　　　　　　印　次：2023年2月第1次印刷
开　　本：880mm × 1230mm　　1/32　　印　张：9.125
字　　数：167千字
书　　号：ISBN 978-7-5561-3108-2
定　　价：52.00元

营销电话：0731-82683348（如发现印装质量问题请与出版社调换）

● 如何收听《大美千字》全本有声书？

① 微信扫描左边的二维码关注"领读文化"公众号。

② 后台回复【大美千字】，即可获取兑换券。

③ 扫描兑换券二维码，免费兑换全本有声书。

● 去哪里查看已购买的有声书？

方法 ①

兑换成功后，收藏已购有声书专栏，

即可在微信收藏列表中找到已购有声书。

方法 ②

在"领读文化"公众号菜单栏点击"我的课程"，

即可找到已购有声书。

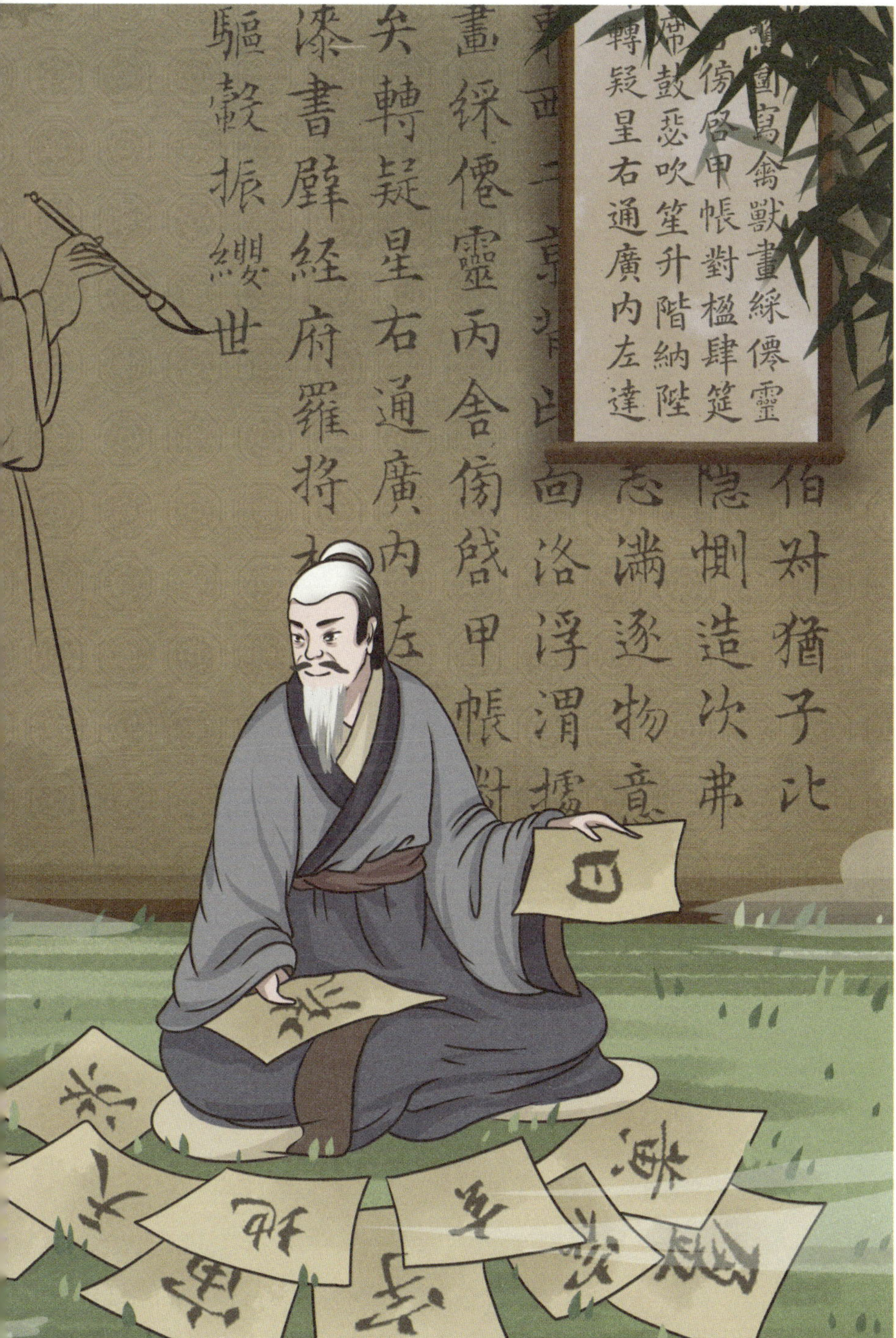

与文学美妙的初逢

献给孩子们

——『初学记』系列丛书总序

我是一名写作者和文学教师，同时，还是两个孩子的父亲。

我从不会忘记多年前的那个凌晨，我在产房外小心翼翼地把女儿从妻子的身边抱起来，捧在怀里，感觉自己正捧着世界上最温柔的光芒。我告诉自己，今生一定要把最美好的东西全都奉献给她。

和所有疼爱子女的家长一样，在孩子们幼小的时候，我和妻子一直尽己所能地为她咨询优质的膳食方案、购买优质奶粉。在她适龄入学的时候，我们也像挑选奶粉一样精心为她挑选各个学科的优质教育方法和教育内容。

然而，恰恰是在我最熟悉的语文学科，我碰到了很大的困难。

当下针对青少年儿童的语文学习产品和书籍如过江之鲫，令人眼花缭乱。但是它们的精致程度和体系完善程度都不能令我满意。

我对儿童文学读物非常挑剔，这种挑剔甚至远远胜过我自己的日常阅读。因为，每一个人接触某一个学科的最初感受将会极大影响他对这个学科最根本的认知和未来所能达到的高度。宋代文学理论家严羽在《沧浪诗话》中曾经提到过一个重要的教学观念："入门须正，立志须高。"借用到今天的青少年教育说：小朋友年级越小，越要给他们输入优质、精致的教育内容。这就像一定要用优质奶粉去哺育嗷嗷待哺的婴儿一样，孩子们宝贵的成长时光是不可逆的，看起来内容驳杂但是营养程度极低的食品应该坚决剔除出婴儿的食谱。

举例而言，在女儿识字启蒙的阶段，我剔除了《三字经》和《弟子规》等一些时下热门的传统启蒙读物。因为《三字经》和《弟子规》都是在识字率极低的古代最简单的民间识字教材，本身的文学品质比较平庸。

我为女儿挑选的识字启蒙教材只有一部《千字文》。《千字文》是梁朝皇帝梁武帝指派当世大才子周兴嗣编纂的一部皇族识字教材，具有字不重复、文采飞扬、知识密集、趣味横生、书写优美（《千字文》是中国书法史上被历代书法家传抄频率极高的文学作品）等多重优点，它不仅是一部启蒙教材，还是中国文学史和书法史上璀璨的瑰宝。尽管《千字文》最早是一部皇族识字教材，但是在今天这个信息爆炸的时代早已走入寻常百姓家。我用了整整一年的时间教授女儿《千字文》，在朗读、背诵、讲故事、讲知识的过程中，同步练习基础书写，一鱼多吃。

有许多国学培训机构主张让儿童从小系统、完整地学习四书五经，我的看法有所不同。我的硕士和博士阶段都是攻读先秦两汉文学，具备相关的知识背景，所以我深深地知道这些古籍都是专业化程度很高的古代文献，如果不是从事专业研究，多数内容对于儿童学习而言毫无必要。当然，也不能完全否定其中符合现代教育价值的内容，所以我在为女儿讲授古代诗歌的时候为她挑选了一些《诗经》中的动人篇章，在为她讲授中国传统思想的时候重点挑选了部分《论语》段落，等等。

我为女儿挑选文学作品有两条标准。第一是必须具备文学的美感和格调。《千字文》里的"墨悲丝染，《诗》赞羔羊"相比《三字经》里的"人之初，性本善。性相近，习相远"，《千字文》里的"孔怀兄弟，同气连枝"相比《弟子规》里的"兄道友，弟道恭。兄弟睦，孝在中"，文学格调高下立判。毫无疑问，我会为她挑选前者。第二是在知识和思想上必须要能够促进对当下生活的思考，不能从古人那里简单照搬。女儿还在上幼儿园的时候，有一次缠着我给她讲故事，我就随口讲了一个"夸父逐日"的故事。没有想到她说："地球不是围绕着太阳转动吗？在地球上跑，怎么能追上太阳呢？"我突然意识到，我们处在信息化时代，儿童接受知识的方式相比从前已经发生了重大变化。所以，讲"夸父逐日"必须要连带着现代天文知识一起讲。同理，讲《论语》里的道理，或者讲《史记》里的故事，也必须要把古今文化打通来讲，这才是指向现代和未来的传统文化教育。

美感格调和对当下的思考，是我衡量儿童文学读物精致程度的两把标尺。利用这两把标尺，我可以从大量古籍中拣选出孩子的文学食谱。这并非自我标榜，我不会因为自己是文学教师就把文学教育置于全科教育之中特别突出的位置。对现代青少年而言，文学教育和数理教育、艺术教育、体育教育等同样重要。我为孩子的文学阅读去粗取精，正是为了帮她节省出时间接受更全面的现代知识培养。

学习体系是我关注的另一个重点。中国传统的文艺种类，在教学上都非常注重环环相扣的学习体系，这在传统文化当中叫作次第，也就是先后顺序的意思。比如说古人学书法，一般的路径是先由唐楷入门，之后逆上魏晋，待楷书稳固之后再学行草。再比如说古人学写诗，《红楼梦》里林黛玉教香菱写诗，教她先学王维五律，次学杜甫七律，再学李商隐七绝，将三座基石先打好，再把两晋南北朝诸位大名家融会贯通。这是真正的诗歌写作培养路径，非常扎实有效，所以小说中的香菱能够从一个诗歌门外汉迅速提升成为一个合格的诗歌作者。

在现代的中小学语文学习当中，并没有建立起像传统文艺那样切实有效的进阶学习体系。现代中小学语文教育大多采用漫灌式的广泛阅读，大家非常喜欢给中小学生开出一大堆令人望而生畏的书单——而且书单上的书目经常更换，这批书读了不见成效就换一批书。至于先学什么，后学什么，先怎么学，后怎么学，怎样把不同阶段所学的语文知识、不同阶段建立的语文能力有效地集中整合在一起形成厚积薄发的合力，则完全是一笔糊涂账。所以我们看到真实的语文教育现状是，孩子们经过十多年的语文学习之后，背诵、书写、阅读、写作四大核心能力大多停留在较低的水平，孩子们畏惧语文，甚至抵触语文的普遍心理在中小学教育当中几乎是一个公开的秘密。

每当我看到当下青少年语文教育盲目混沌的现状时，心里总会涌现起《史记·太史公自序》里的一段话："意在斯乎！意在斯乎！小子何敢让焉。"

如果暂时没有令人满意的语文学习体系，那我就自己来吧。我为女儿设计的语文学习进阶体系思路是，用一个专题内容，对应一个年龄阶段，同时，专题内容侧重针对与年龄阶段匹配的语文核心能力。

单一的专题内容易于在学习中集中发力。例如，我专门用《史记》专题来解决文言文学习的问题。《史记》是中国文学史上文言散文的巅峰之作，被明清两代的文章家奉为"文章祖宗"。中国古代散文名家名作浩如烟海，但只要能够对《史记》具备常识性的了解，对其中的精彩段落稍加用心，文言文就可以一通百通，自然过关。此外，围绕《史记》所记载的历史脉络，我们还可以把连带古今中外的相关知识拓展开来，高效地实现青少年文史通识教育，教学效果非常显著。

我把这个进阶的体系用表格进行直观的描述：

书名	内容	对应能力
《神话之门》	神话故事	兴趣培养、激发联想
《大美千字》	《千字文》	识字启蒙、端正书写
《诗国万物》	古代诗歌选	背诵积累、培育美感
《论语知道》	《论语》文选	传统道德、启发思辨
《史记文明》	《史记》文选	文言入门、拓展见识

随着女儿年龄的增长，我会在未来的日子里继续延伸这个体系，继续补充中国现当代文学和外国文学，以及其他文史通识知识的内容，但思路上将仍然延续这个体系的设计。

　　近些年来，我一直采用这个自创的体系来教女儿，我常在她的眼神中看到那种与文学初次相逢的美妙感觉。那是一种"好像有一点点难，但又很美、很有趣，我很想弄懂它"的感觉，用《论语》里的话来说，叫作"愤"和"悱"。在这种情况下对她进行"启"和"发"，是一件顺水推舟的事。

　　我想把这种美妙初逢的感觉奉献给所有热爱文学的孩子。所以我把日常教学的内容进行整理，编写成了这套"初学记"丛书。它既是一套青少年文学启蒙读物，也是一套文学文化普及读物。明代思想家李贽曾经说过："夫童心者，真心也。"只要我们仍然怀有热爱，只要我们仍然希望获得超越平凡生活的力量，我们就永远是真诚的孩子。

　　在这套书编写的过程中，张洪铭同学、谭心蔚同学、俞吉琪同学、梁颖欣同学为我分担了许多专业资料整理工作，青年书法家王铎翔亲笔示范了硬笔楷书《千字文》，在此向他们表示衷心的感谢。教育是神奇的事业，它让孩子们走向成熟，让教育者保持年轻。希望我们的初学永远充满着年轻的活力！

杨昊鸥

在一千五百年前，中国有一个皇帝叫作梁武帝。这个梁武帝在中国历史上非常有名，他的文章、诗歌写得非常棒，同时，他还精通书法、绘画和音乐，可以说是一个全才型皇帝。

当梁武帝的孩子到了要上学的年纪时，梁武帝心想：我是皇帝啊，我家的小朋友要学的东西可不能和普通人学的东西一样——我要编一部世界上最好的教材给他们！

小朋友学习要好，首先字必须要写得漂亮，我要让世界上字写得最漂亮的人来示范！

那么，世界上字写得最漂亮的人是谁呢？这就要说到另一位鼎鼎大名的人物了。在中国历史上，大家公认书法水平最高的那个人叫作王羲之，人称"书圣"。可是在梁武帝那个时候，王羲之已经去世一百多年了，就算梁武帝是皇帝，也没有办法让王羲之再活过来，这可怎么办呢？

于是，梁武帝命令手下的人到全国各处去寻找王羲之写过的字，最后找到一千个不重复的王羲之的书法单字，收集在一起，用来编教材。

接下来，梁武帝又找来一个人，这个人的名字叫作周兴嗣。他是梁武帝手下的一名官员，是专门给皇帝写文件的，相当于我们今天说的秘书。这个周兴嗣的学问和文采在当时非常有名，梁武帝把收集到的这一千个王羲之的字交给他，命令他用这些单字编成一篇文章，用这篇文章作为皇家小朋友们的启蒙识字教材。

梁武帝要周兴嗣写的这篇文章，可不是随便写写就可以应付交差的，他给周兴嗣提了以下几个要求：

第一，这篇文章只能用这一千个字来写，且从头到尾不能重复。用完全不重复的字来写文章，这非常困难。那么，为什么所有的字都不能重复呢？因为这样学习效率最高，前面学过的字，后面就不用再重复学。

第二，这篇文章必须要四个字一句，而且要押韵，也就是要写成四字韵文。这样很有音节的美感，读起来朗朗上口，容易背诵。

第三，这篇文章必须要文采飞扬，字句典雅，要能够展现出皇家教材的品质，不能随随便便凑成句子就算完事了。这样，小朋友们在识字的同时，也就潜移默化地接受了优质的文学教育，从而成为一个有文学修养的人。

第四，这篇文章还必须包含各方面的知识：天文地理、伦理道德、历史人物、生活审美，等等。用我们今天的话来说，就是这篇文章要写成一部小百科全书，在学习语言的过程中同时学习各种各样的知识，从而成为一个知识储备丰富的人。

这些要求，每一个都很难，要叠加在一起就更加难，可以说是难上加难，加难，再加难。

可是大才子周兴嗣却圆满地完成了这个看上去简直是不可能完成的任务。传说，他在一夜之间熬白了头发，用尽自己毕生才气，编写成了这部旷世杰作——《千字文》。

《千字文》不仅仅是中国历史上最杰出的启蒙识字教材，同时，由于它结构严密、气势开张、文采飞扬、包罗万象，它成为中国文学史上顶级的文学艺术珍品。今天，所有的小朋友们都可以通过学习《千字文》高效、快速地掌握常用汉字的认读，受到顶级文学作品的艺术熏陶，同时学习大量的中国传统文化知识，就像古代的皇族子弟一样，在学习的最初阶段，接受最好的文学教育。

本书还专门邀请了青年书法家王铎翔老师，为小朋友们示范书写硬笔正楷《千字文》，让小朋友们从小就能够在一笔一画之间浸润汉字方方正正、飘洒流转的美学格调。

可以这样说，如果能够在背诵、书写、文义、典故四个方面完全掌握《千字文》，那么一个人的中国文学素养和传统文化知识积累就已经登堂入室了。更加神奇的是，《千字文》不仅可以用来供儿童识字启蒙，它还可以与我们相伴终生。随着年龄的增长，我们在中学写作文的时候，可以运用《千字文》中大量精彩的高级词句和深刻的典故内涵来为自己的作文增色。最后，《千字文》还是一部高度浓缩的、精致的理想人生之书。当我们成年，甚至步入中年、老年的时候，《千字文》中那些隽永遥深的文句依然可以滋润我们，引导我们：

年矢每催，曦晖朗曜。（时间像射出的利箭一样飞逝着催人衰老啊，太阳亘古不变地高悬在天空中散发光芒。）

璇玑悬斡，晦魄环照。（夜空中的北斗星一刻不停地运转，月亮圆了又缺，光辉普照大地。）

指薪修祜，永绥吉劭。（我要用这渺小的生命去造福这个世界啊，让神明世世代代保佑我的子孙后代。）

现在，就让我们抬头仰望天空，从"天地玄黄"开始这段大美《千字文》的神奇旅程吧。

杨昊鸥

目录

1. 标红的字表示不常见字或易读错字。

2. 竖线｜表示应当在朗读中简短停顿的位置。

天地玄黄（tiān dì xuán huáng），宇宙洪荒（yǔ zhòu hóng huāng）。

日月盈昃（rì yuè yíng zè），辰宿列张（chén xiù liè zhāng）。

寒来暑往（hán lái shǔ wǎng），秋收冬藏（qiū shōu dōng cáng）。

闰余成岁（rùn yú chéng suì），律吕调阳（lù lǚ tiáo yáng）。

云腾致雨（yún téng zhì yǔ），露结为霜（lù jié wéi shuāng）。

金｜生丽水（jīn shēng lì shuǐ），玉｜出昆冈（yù chū kūn gāng）。

剑｜号巨阙（jiàn hào jù què），珠｜称夜光（zhū chēng yè guāng）。

果｜珍李柰（guǒ zhēn lǐ nài），菜｜重芥姜（cài zhòng jiè jiāng）。

海咸河淡（hǎi xián hé dàn），鳞潜羽翔（lín qián yǔ xiáng）。

龙师火帝（lóng shī huǒ dì），鸟官人皇（niǎo guān rén huáng）。

始制文字（shǐ zhì wén zì），乃服衣裳（nǎi fú yī cháng）。

推位让国（tuī wèi ràng guó），有虞陶唐（yǒu yú táo táng）。

吊民伐罪（diào mín fá zuì），周发殷汤（zhōu fā yīn tāng）。

坐朝问道（zuò cháo wèn dào），垂拱平章（chuí gǒng pián zhāng）。

爱育黎首（ài yù lí shǒu），臣伏戎羌（chén fú róng qiāng）。

遐迩一体（xiá ěr yī tǐ），率宾归王（shuài bīn guī wáng）。

鸣凤在树（míng fèng zài shù），白驹食场（bái jū shí cháng）。

化被草木（huà bèi cǎo mù），赖及万方（lài jí wàn fāng）。

盖｜此身发（gài cǐ shēn fà），四大五常（sì dà wǔ cháng）。

恭惟鞠养（gōng wéi jū yǎng），岂敢毁伤（qǐ gǎn huǐ shāng）。

女慕贞洁（nǚ mù zhēn jié），男效才良（nán xiào cái liáng）。

知过必改（zhī guò bì gǎi），得能莫忘（dé néng mò wàng）。

罔谈彼短（wǎng tán bǐ duǎn），靡恃己长（mǐ shì jǐ cháng）。

信｜使可覆（xìn shǐ kě fù），器｜欲难量（qì yù nán liáng）。

墨悲丝染（mò bēi sī rǎn），《诗》赞羔羊（shī zàn gāo yáng）。

景行维贤（jǐng xíng wéi xián），克念作圣（kè niàn zuò shèng）。

德建名立（dé jiàn míng lì），形端表正（xíng duān biǎo zhèng）。

空谷传声（kōng gǔ chuán shēng），虚堂习听（xū táng xí tīng）。

祸｜因恶积（huò yīn è jī），福｜缘善庆（fú yuán shàn qìng）。

尺璧非宝（chǐ bì fēi bǎo），寸阴是竞（cùn yīn shì jìng）。

资父事君（zī fù shì jūn），曰｜严与敬（yuē yán yǔ jìng）。

孝｜当竭力（xiào dāng jié lì），忠｜则尽命（zhōng zé jìn mìng）。

临深履薄（lín shēn lǚ bó），夙兴温清（sù xīng wēn qìng）。

似兰斯馨（sì lán sī xīn），如松之盛（rú sōng zhī shèng）。

川流不息（chuān liú bù xī），渊澄取映（yuān chéng qǔ yìng）。

容止若思（róng zhǐ ruò sī），言辞安定（yán cí ān dìng）。

笃初诚美（dǔ chū chéng měi），慎终宜令（shèn zhōng yí lìng）。

荣业所基（róng yè suǒ jī），籍甚无竟（jí shèn wú jìng）。

学优登仕（xué yōu dēng shì），摄职从政（shè zhí cóng zhèng）。

存以《甘棠》（cún yǐ gān táng），去丨而益咏（qù ér yì yǒng）。

乐丨殊贵贱（yuè shū guì jiàn），礼丨别尊卑（lǐ bié zūn bēi）。

上和下睦（shàng hé xià mù），夫唱妇随（fū chàng fù suí）。

外丨受傅训（wài shòu fù xùn），入丨奉母仪（rù fèng mǔ yí）。

诸姑伯叔（zhū gū bó shū），犹子比儿（yóu zǐ bǐ ér）。

孔怀兄弟（kǒng huái xiōng dì），同气连枝（tóng qì lián zhī）。

交友投分（jiāo yǒu tóu fèn），切丨磨丨箴丨规（qiē mó zhēn guī）。

仁慈隐恻（rén cí yǐn cè），造次弗离（zào cì fú lí）。

节丨义丨廉丨退（jié yì lián tuì），颠沛匪亏（diān pèi fěi kuī）。

性静情逸（xìng jìng qíng yì），心动神疲（xīn dòng shén pí）。

守真志满（shǒu zhēn zhì mǎn），逐物意移（zhú wù yì yí）。

坚持雅操（jiān chí yǎ cāo），好爵自縻（hǎo jué zì mí）。

都邑华夏（dū yì huá xià），东西二京（dōng xī èr jīng）。

背邙面洛（bèi máng miàn luò），浮渭据泾（fú wèi jù jīng）。

宫殿盘郁（gōng diàn pán yù），楼观飞惊（lóu guàn fēi jīng）。

图写禽兽（tú xiě qín shòu），画彩仙灵（huà cǎi xiān líng）。

丙舍傍启（bǐng shè páng qǐ），甲帐对楹（jiǎ zhàng duì yíng）。

肆筵设席（sì yán shè xí），鼓瑟吹笙（gǔ sè chuī shēng）。

升阶纳陛（shēng jiē nà bì），弁转疑星（biàn zhuǎn yí xīng）。

右通广内（yòu tōng guǎng nà），左达承明（zuǒ dá chéng míng）。

既集坟典（jì jí fén diǎn），亦聚群英（yì jù qún yīng）。

杜稿钟隶（dù gǎo zhōng lì），漆书壁经（qī shū bì jīng）。

府罗将相（fǔ luó jiàng xiàng），路侠槐卿（lù jiā huái qīng）。

户封八县（hù fēng bā xiàn），家给千兵（jiā jǐ qiān bīng）。

高冠陪辇（gāo guān péi niǎn），驱毂振缨（qū gǔ zhèn yīng）。

世禄侈富（shì lù chǐ fù），车驾肥轻（chē jià féi qīng）。

策功茂实（cè gōng mào shí），勒碑刻铭（lè bēi kè míng）。

磻溪伊尹（pán xī yī yǐn），佐时阿衡（zuǒ shí ē héng）。

奄宅曲阜（yǎn zhái qū fù），微旦孰营（wēi dàn shú yíng）。

桓公匡合（huán gōng kuāng hé），济弱扶倾（jì ruò fú qīng）。

绮回汉惠（qǐ huí hàn huì），说感武丁（yuè gǎn wǔ dīng）。

俊乂密勿（jùn yì mì wù），多士寔宁（duō shì shí níng）。

晋楚更霸（jìn chǔ gēng bà），赵魏困横（zhào wèi kùn héng）。

假途灭虢（jiǎ tú miè guó），践土会盟（jiàn tǔ huì méng）。

何遵约法（hé zūn yuē fǎ），韩弊烦刑（hán bì fán xíng）。

起丨翦丨颇丨牧（qǐ jiǎn pō mù），用军最精（yòng jūn zuì jīng）。

宣威沙漠（xuān wēi shā mò），驰誉丹青（chí yù dān qīng）。

九州禹迹（jiǔ zhōu yǔ jì），百郡秦并（bǎi jùn qín bìng）。

岳宗泰岱（yuè zōng tài dài），禅主云亭（shàn zhǔ yún tíng）。

雁门紫塞（yàn mén zǐ sài），鸡田赤城（jī tián chì chéng）。

昆池碣石（kūn chí jié shí），钜野洞庭（jù yě dòng tíng）。

旷远绵邈（kuàng yuǎn mián miǎo），岩岫杳冥（yán xiù yǎo míng）。

治本于农（zhì běn yú nóng），务兹稼穑（wù zī jià sè）。

俶载南亩（chù zǎi nán mǔ），我艺黍稷（wǒ yì shǔ jì）。

税熟贡新（shuì shú gòng xīn），劝赏黜陟（quàn shǎng chù zhì）。

孟轲敦素（mèng kē dūn sù），史鱼秉直（shǐ yú bǐng zhí）。

庶几中庸（shù jī zhōng yōng），劳｜谦｜谨｜敕（láo qiān jǐn chì）。

聆音察理（líng yīn chá lǐ），鉴貌辨色（jiàn mào biàn sè）。

贻厥嘉猷（yí jué jiā yóu），勉其祗植（miǎn qí zhī zhí）。

省躬讥诫（xǐng gōng jī jiè），宠增抗极（chǒng zēng kàng jí）。

殆辱近耻（dài rǔ jìn chǐ），林皋幸即（lín gāo xìng jí）。

两疏见机（liǎng shū jiàn jī），解组谁逼（jiě zǔ shuí bī）。

索居闲处（suǒ jū xián chǔ），沉默寂寥（chén mò jì liáo）。

求古寻论（qiú gǔ xún lùn），散虑逍遥（sàn lǜ xiāo yáo）。

欣奏累遣（xīn zòu lèi qiǎn），戚谢欢招（qī xiè huān zhāo）。

渠荷的历（qú hé dì lì），园莽抽条（yuán mǎng chōu tiáo）。

枇杷晚翠（pí pá wǎn cuì），梧桐蚤凋（wú tóng zǎo diāo）。

陈根委翳（chén gēn wěi yì），落叶飘摇（luò yè piāo yáo）。

游鹍独运（yóu kūn dú yùn），凌摩绛霄（líng mó jiàng xiāo）。

耽读玩市（dān dú wán shì），寓目囊箱（yù mù náng xiāng）。

易辅攸畏（yì yóu yōu wèi），属耳垣墙（zhǔ ěr yuán qiáng）。

具膳餐饭（jù shàn cān fàn），适口充肠（shì kǒu chōng cháng）。

饱饫烹宰（bǎo yù pēng zǎi），饥厌糟糠（jī yàn zāo kāng）。

亲戚故旧（qīn qī gù jiù），老少异粮（lǎo shào yì liáng）。

妾御绩纺（qiè yù jì fǎng），侍巾帷房（shì jīn wéi fáng）。

纨扇圆洁（wán shàn yuán jié），银烛炜煌（yín zhú wěi huáng）。

昼眠夕寐（zhòu mián xī mèi），蓝笋象床（lán sǔn xiàng chuáng）。

弦歌酒宴（xián gē jiǔ yàn），接杯举觞（jiē bēi jǔ shāng）。

矫手顿足（jiǎo shǒu dùn zú），悦豫且康（yuè yù qiě kāng）。

嫡后嗣续（dí hòu sì xù），祭祀蒸尝（jì sì zhēng cháng）。

稽颡再拜（qǐ sǎng zài bài），悚惧恐惶（sǒng jù kǒng huáng）。

笺牒简要（jiān dié jiǎn yào），顾答审详（gù dá shěn xiáng）。

骸垢想浴（hái gòu xiǎng yù），执热愿凉（zhí rè yuàn liáng）。

驴骡犊特（lú luó dú tè），骇跃超骧（hài yuè chāo xiāng）。

诛斩贼盗（zhū zhǎn zéi dào），捕获叛亡（bǔ huò pàn wáng）。

布射僚丸（bù shè liáo wán），嵇琴阮啸（jī qín ruǎn xiào）。

恬笔伦纸（tián bǐ lún zhǐ），钧巧任钓（jūn qiǎo rén diào）。

释纷利俗（shì fēn lì sú），并皆佳妙（bìng jiē jiā miào）。

毛施淑姿（máo shī shū zī），工颦妍笑（gōng pín yán xiào）。

年矢每催（nián shǐ měi cuī），曦晖朗曜（xī huī lǎng yào）。

璇玑悬斡（xuán jī xuán wò），晦魄环照（huì pò huán zhào）。

指薪修祜（zhǐ xīn xiū hù），永绥吉劭（yǒng suí jí shào）。

矩步引领（jù bù yǐn lǐng），俯仰廊庙（fǔ yǎng láng miào）。

束带矜庄（shù dài jīn zhuāng），徘徊瞻眺（pái huái zhān tiào）。

孤陋寡闻（gū lòu guǎ wén），愚蒙等诮（yú méng děng qiào）。

谓｜语助者（wèi yǔ zhù zhě），焉｜哉｜乎｜也（yān zāi hū yě）。

天地玄黄，
宇宙洪荒。
日月盈昃，
辰宿列张。
寒来暑往，
秋收冬藏。
闰余成岁，
律吕调阳。
……

天文篇　第1课

tiān dì xuán huáng　　yǔ zhòu hóng huāng
天地玄黄，宇宙洪荒。

○ 句子释义

黑色的天空笼罩着黄色的大地，空间无边地大，时间无限地久。

○○ 词语释义

天：原意是最高的地方，后来用来指我们头顶的天空。

地："地"字右边的"也"，原本是蛇的意思。"地"原指虫和蛇居住的地面，后来指我们脚下的大地。

玄：黑色。

黄：黄色。

宇：空间。

宙：时间。

洪：空间巨大，无比地大。

荒：时间久远，无比久远。

为什么说天空是黑色的？

万里无云的时候，我们抬头就能看到无边无际的蔚蓝色天空，可是为什么《千字文》里一开头就说天空是黑色的呢？

想要回答这个问题，我们首先要知道，如果我们站在地球大气层之外，肉眼看到的宇宙深空底色是一片漆黑的。而我们在地球表面看到的太阳光是由红、橙、黄、绿、蓝、靛、紫七种光组成的。同时，我们的地球还被一层厚厚的大气层包裹着。当太阳光照向地球，大气层就会把太阳光散射到整片天空。其中，太阳光中的蓝色光散射作用最强，它会弥漫至天空的每一处。因而我们看到的天空常常是蔚蓝色的。

古人没有看过现代的天文照片，却知道天空的底色实际上是黑色，这真是一件神奇的事情！

《千字文》的一开篇，从天地宇宙讲起，磅礴大气扑面而来。

天文篇　第2课

rì　yuè yíng zè　　chén xiù liè zhāng
日月盈昃，辰宿列张。

◦ 句子释义

　　太阳西沉，月亮缺了又圆，日月星辰散落排布在无边无际的宇宙中。

◦◦ 词语释义

　　日：太阳。

　　月：月亮。

　　盈：满。月盈也就是指圆月、满月。

　　昃：太阳偏向西边。

　　辰：一颗一颗的星星。

　　宿：古代所说的二十八星宿，类似于今天所说的星座。

　　列：排列。

　　张：指星宿像一个平面一样在宇宙中铺开。

月亮的圆缺

为什么我们有时候看到月亮是弯弯的，有时候又是圆圆的呢？

在不同的时候，月亮会有不同的样子，在天文学上，我们把这叫作"月相"的变化。

我们首先要知道，月球本身并不会发光。我们能在晚上看见高悬在天上的明月，这是因为月球反射了太阳光，月亮的光辉，其实是反射太阳的光辉。我们还要知道，地球是围绕着太阳转动的，而月亮是围绕着地球转动的。所以，太阳、地球、月亮这三个天体的相对位置每时每刻都在发生变化。

明白了以上两点之后，月相圆缺变化的问题就迎刃而解了！当月球面向地球的那一面完全被太阳照亮时，我们就能看到满月，也就是圆圆的月亮。中国农历每个月的十五日，月亮就会呈现出饱满的圆形。当地球挡住了太阳光线，月球面向地球的那一面只被照亮一部分时，我们就看到月亮的圆形好像缺少了一部分。有时候缺得少，有时候缺得多，缺得多的时候就是我们常说的弯月。而当月球面向地球的那一面完全被地球挡住，无法接受太阳光的照射时，我们就没办法在天空看到月亮了。

地象篇　第3课

hán　lái　shǔ wǎng　　qiū shōu dōng cáng
寒来暑往，秋收冬藏。

。句子释义

　　冬天来了，夏天又过去了，人们在秋天收割谷物，在冬天贮藏粮食。

。。词语释义

寒：寒冷的冬天。

来：来临。本义是指小麦的"麦"，后来演变成"来去"的"来"。

暑：炎热的夏天。

往：过去。

秋：秋天。

收：收割谷物。

冬：冬天。

藏：储藏粮食。

大美千字 >

"麦"和"来"

也许你的心里会有这样的疑惑："来"的本义为什么是小麦的"麦"呢？它们两者之间有何关联？

别着急，咱们首先来看一幅图：

图的左边就是咱们日常生活中非常熟悉的一种粮食作物：麦子。而右边这个颇得麦子神韵的简笔画其实就是"麦"的古字写法。乍一看，是不是和我们今天的"来"字有一点点相似呢？没错，你的直观感受是对的！原本刻出来的、像麦子一样细长细长的 字，随着书写工具的不断优化，一些笔画得以被舒展、放平。慢慢地，整个字就往横向发展了：由 到 ，最后就发展成我们今天看见的 来 。

地象篇　第4课

rùn yú chéng suì　　lǜ lǚ tiáo yáng
闰 余 成 岁， 律 吕 调 阳。

◦ 句子释义

按照闰法计算，把每年不足的时间累加在某一年里，那么那一年就成为闰年。通过制定律吕来协调阴阳。

◦◦ 词语释义

闰：历法中计算一年天数的一种方法。把几年所缺的时间累加起来，放在固定的年份中补足，被称为闰月。现代闰法四年一闰，中国古代的闰法十九年七闰，或者三年一闰。

余：补足剩余的时间。

成：组成、成为。

岁：年。

律吕：古代用来校音的东西，由竹管制成。人们以管的长短来区别声音的清浊高低，其他乐器的声音都以此为准则。

调：协调、调和。

阳：阴阳。

大美千字 >

什么是律和吕？

"律"和"吕"其实是两根不同的竹管。"律"和"吕"只是古人根据它们发出的不同声音，给它们起的名字。律管发出的声音属于叫"律"的音阶，吕管发出的声音属于叫"吕"的音阶。

而音阶就是类似"哆、来、咪、发、唆、啦、西"这样的东西。

相传在古代，人们会把律管和吕管插到土里。等春天阳气旺盛的时候，地气就会从地底往上涌起。在这个过程中，上升的地气吹动埋在土里的律管和吕管，发出悦耳的声音。而地面上的人们，在听到这种声音之后，就知道春天要来了。而通过这样的方式来掌握季节变化，在古人心目中，就是协调万物阴阳的一种手段，被叫作"律吕调阳"。

所以，当以后再有人问你"春天在哪里？"的时候，你就可以这样告诉他——春天藏在会唱歌的土地里！

地象篇　第 5 课

yún téng zhì yǔ　　lù jié wéi shuāng
云腾致雨，露结为霜。

。句子释义

云朵上升到高空，遇冷就形成了雨。夜里的时候，气温降低，露水就凝结成霜。

。。词语释义

云：云朵。　　　　腾：上升。

致：形成。　　　　雨：雨水。

露：露珠、露水。　结：凝结。

为：成为。　　　　霜：水汽凝结而成的白色冰晶。

..知识加油库

水的三种状态

我们日常生活中最常见的事物：水，其实有三种不同的状态，分别是液态、气态和固态。

"云腾致雨"的"云腾"两个字，在物理学中叫作"蒸发"。在气温升高的时候，水从液体变成气体，最常见的例子，就是家里晒衣服，湿衣服被太阳晾干，就是水被蒸发掉了。地球表面的江河湖海，以及大地的泥土里，到处都充满着液态的水，这些水分经过阳光的照射，温度升高，就变成了水蒸气。水蒸气慢慢升腾到天空中，就会遇冷变成无数的小水滴。地面上的液态水由于温度升高而变成气体，蒸发到天空中，遇冷变成小水滴，最后变成云，这在物理学上叫作"液化"。云里的小水滴又小又轻，所以它们在天空里不会掉下来。但是当小水滴越来越多，它们就会从小水滴聚集变成比较重的雨滴，这时它们就会从天上掉下来，形成降雨，这就是所谓的"致雨"。

"露结为霜"讲的是关于水的另一种现象，这在物理学上叫作"凝固"。所谓凝固，就是在温度足够低的时候，液态的水就会变成固态的冰。中国北方地区秋冬季节的早晨，气温经常在零度以下，清晨的露水很容易凝固成冰霜。这就是"露结为霜"。

水是我们生活中最常见的一种自然事物，"云腾致雨，露结为霜"写的是水在自然界中不断变换的三种状态——气态的水蒸气、液态的水、固态的冰霜。如果我们仔细去品味这两个句子的话，就会感受到一种既磅礴有力，又灵动活泼的感觉。

自然篇　第 6 课

jīn shēng lì shuǐ　　yù chū kūn gāng

金 生 丽 水， 玉 出 昆 冈。

○ 句 子 释 义

黄金产自金沙江，美玉出自昆仑山。

○○ 词 语 释 义

金：黄金、金子。

生：产生自（某个地方）。

丽水：金沙江的古称。

玉：玉石。

出：出自。

昆冈：昆仑山。

为什么在中国传统文化中美玉是君子的象征?

玉本质上就是一块石头,可是在中国传统文化中,玉却是君子的象征。这是为什么呢? 这就要从我国最早的诗歌总集《诗经》说起了。

《诗经·淇奥》中有这样句子——"有匪君子,如切如磋,如琢如磨。"意思就是:君子如同被打磨的玉器,不断地接受教育,在批评和挫折中持续完善自我。《诗经·小戎》中也说过"言念君子,温其如玉",意思是:君子具有温柔的气质,如同美玉一般,散发着温润的光泽。

虽然玉最初的形态只是一块石头,但当它经过开琢和不断地打磨之后,便能重获新生,散发出莹润的光泽,成为一块价值连城的美玉。而这个艰难的过程,就像人逐步成为君子的过程。因此,人们才会用这来之不易的美玉来称赞一个道德品质完善的人。这样的人,我们称他为——君子。

人造篇　第7课

jiàn hào jù què　　zhū chēng yè guāng
剑号巨阙，珠称夜光。

。**句子释义**

　　最锋利的宝剑名为"巨阙"，最珍贵的明珠叫作"夜光"。

。。**词语释义**

　　剑：宝剑。

　　号：叫作、名为。

　　巨阙：古代名剑，相传为春秋时期铸剑名师欧冶（yě）
　　　　　子所铸。

　　珠：明珠。

　　称：叫作、名为。

　　夜光：珠宝名，指夜明珠。

"三长两短"成语的来历

汉语里有一个成语叫作"三长两短",意思是遭遇不测。但你知道这个"三长两短"究竟是指什么吗?其实,最开始"三长两短"指的是五把名剑哦!

相传在我国春秋时期,有一位叫作欧冶子的铸剑大师。他铸造了五把绝世宝剑,分别叫作湛卢、纯钩、胜邪、鱼肠和巨阙。其中湛卢、纯钩、胜邪是长剑,鱼肠和巨阙则是短剑。这五把宝剑威力巨大,锋利无比,遇上它们的人一定会有生命危险。又因为这五把剑加在一起刚好是"三长两短",所以后来人们就把会有生命危险的状况叫作"三长两短"。

食物篇　第8课

guǒ zhēn lǐ nài　　cài zhòng jiè jiāng
果珍李柰，菜重芥姜。

。句子释义

水果中最珍贵的是李子和柰子，蔬菜中最重要的是芥菜和姜。

○○词语释义

果：水果。

珍：珍贵、珍品。

李：李子。

柰：柰子。即沙果，一种外形和口味像苹果的水果。

菜：蔬菜。

重：看重。

芥：芥菜。

姜：常用作调味的植物根茎，芳香辛辣。

李奈和芥姜有什么特别之处？

首先，李、奈都是非常有营养价值的水果，可以"和脾胃，补中焦"。"中焦"其实就是指脾和胃。多吃这两种水果，就可以帮助脾和胃补充能量，让我们的身体感到很舒服。所以，古人才说"果珍李奈"。

另外，芥菜和姜都是可以开窍、解毒的蔬菜。《神农本草经》就有这样的记载："芥味辛，除肾邪，利九窍""姜味辛，通神明，去臭气。"可见，芥和姜都是蔬菜中解毒调味的珍品啊！

当然，古代珍贵的果蔬并非只有以上四种，《千字文》里之所以用李、奈、芥、姜作为代表，是因为作者受到了选字的限制。别忘了，梁武帝可是事先给周兴嗣规定好了，只能用那一千个单独的汉字来写作。

动物篇　第9课

hǎi xián hé dàn　　lín qián yǔ xiáng
海咸河淡，鳞潜羽翔。

。句子释义

海水的味道是咸的，河水的味道是淡的。鱼儿在水里潜行、游动，鸟儿在天上飞翔。

。。词语释义

海：海水。

咸：味道咸。

河：河水。

淡：味道淡。

鳞：长鳞片的动物，即鱼。

潜：潜行。

羽：长羽毛的动物，即鸟。

翔：飞翔。

大美千字 >

海水为什么是咸的？

如果我们去海边玩耍的时候尝过海水的滋味就会知道，海水真咸啊！那么，为什么海水与江河或者淡水湖不同，是咸味的呢？

人们一般认为，今天的海水这么咸，一方面是因为海底岩石中的盐类溶解到了海水中；另一方面是因为河流在汇入海洋的过程中不断地冲刷着陆地，将陆地上的盐分带到了大海中。

海水中的盐分比例大约为 3.5%，盐分浓度非常高。人类所使用的医用生理盐水盐分比例只有 0.9%。海水的盐分浓度远远高于人体的盐分浓度，如果人直接饮用海水，不但不能起到补充水分的作用，还会引起脱水症。这就是在大海中进行远洋航行的船只，尽管行驶在广阔的水面之上，却一定要储备大量的淡水作为饮用水的原因。

历史篇　第 10 课

lóng shī huǒ dì　　niǎo guān rén huáng
龙师火帝，鸟官人皇。

。句子释义

龙师、火帝、鸟官、人皇，这些人都是上古时代的帝王（他们带领人类走进了文明时代）。

。。词语释义

龙师：相传伏羲氏出生的时候，天上出现了腾云驾雾的
　　　　神龙，因此人们叫他"龙师"。

火帝：相传燧人氏发明了使用火的方法，因此人们
　　　　叫他"火帝"。

鸟官：相传少昊氏用鸟给百官命名，因此人们叫他"鸟
　　　　官"。

人皇：一般被认为是神农氏，传说中的三皇之一。

图腾时代

"龙师火帝，鸟官人皇"这两句话虽然讲的都是神话传说中的人物，但是从历史的进程来看，它其实讲述的是远古的图腾时代，又叫作图腾崇拜时代。

什么叫作图腾崇拜呢？在人类历史的早期，由于科学技术还不发达，人们对自然界的各种事物充满了好奇，比如说动物、植物、自然景观，等等，人们把这些自然事物画成图案，认为这些图案具有超乎寻常的力量。这就叫作图腾崇拜。像《千字文》的这两句话里讲到的龙师的龙、火帝的火、鸟官的鸟，其实都是中国远古文化里的图腾崇拜。它表现了人类在发展历程中，那种刚刚萌芽，介于蒙昧和文明之间的一种状态。

图腾崇拜虽然时间久远，但是对今天的现代文明依旧有着很深的影响。在现代，还有很多国家习惯用一种动物来象征自己的国家精神。比如说，法国的代表动物叫作"高卢雄鸡"，美国的代表动物叫作"白头海雕"，澳大利亚的代表动物是袋鼠，等等。而在中国，也有一种令我们自豪的神话动物代表着我们的国家——龙。

中国被称为"东方巨龙"。我们都是龙的传人。

历史篇　第11课

shǐ zhì wén zì　　nǎi fú yī cháng
始制文字，乃服衣裳。

○ **句子释义**

仓颉（jié）创造了文字，嫘（léi）祖制造了衣服。

○○ **词语释义**

始：开始。

制：创造。

文字：相传为仓颉所造。

乃：才。

服：穿着。

裳：这里读作 cháng，指古人穿的下衣。今天则用来
　　指代衣服。

大美千字 >

文字的力量

传说在中国古代,有一个叫仓颉的人发明了文字。在发明文字的那一天,粟米就像下雨一样从天上掉下来,甚至连鬼怪也害怕得在晚上哭泣。

为什么文字发明的时候,世间会有如此反常奇异的现象呢?这就要回到"仓颉造字"这个故事诞生的汉代了。

原来,汉代人非常相信"天人感应",意思是说,当人类社会发生重大事件时,自然万物就会感应到,并表现出一些反常的反应。像天上下粟雨和鬼怪哭泣,就属于这一类异常的现象。

当然,这些都不是真实发生的事情,只是人们的一种想象。而汉代人之所以会这么描述,实际上是为了表现汉字诞生的神奇威力和它们对世界产生的重大影响。

文字的发明是一件非常重大的事情,有了文字,人类的知识才能够被记录和传播,进而不断地积累、发展下去。有了丰富的知识,人类就可以不断提高生产的能力,不断战胜未知的恐惧。可以说,文字的力量是无比巨大的,有了文字,人类才告别了野蛮和无知,才真正地进入了文明的时代。

历史篇　第12课

tuī wèi ràng guó　　yǒu yú táo táng

推位让国，有虞陶唐。

。**句子释义**

尧帝主动将天子之位让给了年富力强的舜，使他成为新的君王。

。。**词语释义**

推位：推的意思是辞让，推位就是把自己的位子交给贤人。

让国：让的意思是禅（shàn）让，禅让就是原来的天子主动把帝位让出，交给更有能力的人。

有虞：指舜帝。

陶唐：指尧帝。

大美千字 >

尧舜相传

传说在古老的东方，有一位叫"尧"的圣王。在他的带领下，部落里的人们都过着安居乐业的生活。

尽管尧帝非常有能力，但他终有一天还是会老去。为了保障人们以后的生活，尧帝决定在众人中挑选一位最优秀的接班人。

他仔细观察了部落里所有的年轻人，发现有一个盲人的孩子非常不错，这个孩子就是"舜"。

为了进一步考察这个年轻人，尧帝设置了种种关卡、任务来考验舜。而舜也不负尧帝所托，把每件事情都完成得非常好，最终成为尧帝选中的接班人。

等到尧帝该退休的那一天，尧帝就把天子之位郑重地交给了舜。而舜也果断地接下了这个保护、发展全部落的职责，成为新一代的舜帝。

尧帝禅让舜帝的故事至今在中国文化里传为美谈，他们两人的美好德行就像一盏明灯，照亮了中国历史的漫漫长河。

历史篇　第13课

diào mín fá zuì　　zhōu fā yīn tāng
吊民伐罪，周发殷汤。

。句子释义

　　安慰无辜的百姓，讨伐有罪的统治者，周武王姬（jī）发和商朝开国君主成汤率领军队推翻了残暴无道的商纣（zhòu）和夏桀（jié）。

。。词语释义

　　吊：慰问。

　　民：人民。

　　伐：讨伐。

　　罪：有罪的统治者。

　　周发：周朝的开国君主周武王姬发。

　　殷汤：商朝的开国君主成汤。

相似的历史：汤武革命

商和周是中国历史早期的两个王朝。虽然朝代不同，但历史总是惊人的相似。它们的建立过程其实是非常接近的。

夏朝的最后一个统治者叫作"夏桀"。夏桀生性残忍，喜欢滥杀无辜，所以夏朝的百姓生活得非常痛苦。在这时，有一个叫成汤的勇者出现了，他带领商族人打败了夏桀，建立起新的国家——商朝。

历史的车轮滚滚前行，时间来到商朝的末期。这时的商朝统治者名为"商纣"，而商纣和夏桀一样，让人民遭受了许多苦难。最终，商朝也和夏朝一样，被新的勇者推翻，走向了灭亡的结局。

成汤和周武王所领导的两次革命，在中国历史上被合称为汤武革命，代表着中国人不畏强暴，敢于和残暴统治者进行斗争的伟大精神。

历史篇　第14课

zuò cháo wèn dào
坐朝问道， 垂拱平章。

chuí gǒng pián zhāng

◦ 句 子 释 义

　　君王坐在朝堂之上，向大臣们询问如何治理国家，并把大大小小的事情交给臣子去办，然后根据他们的工作成果论功排位。

◦◦ 词 语 释 义

坐朝：君王坐在朝堂之上。

问道：君王向臣子询问治国之道。

垂拱：　"垂"指君王的衣袖下垂，表示一种清闲的状态。"拱"指拱手行礼，表示君王对臣子的礼遇。"垂拱"合在一起，表示君王非常信任自己的下属，把国家的大小事情都交给臣子去办。

平章：　这里的"平"读作"pián"，在古代写作"辨"。所以"平章"就是"辨章"，意思是指君王根据属下的以往功绩、能力高低，给他们安排工作。

大美千字 >

无为而治

前一课的"吊民伐罪，周发殷汤"讲述的是战争的故事。我们今天生活在和平年代，很难想象过去的战争里会发生什么事情。但不管是"吊民伐罪"这样的正义战争也好，不正义的战争也罢，人民的生活都会受到最直接、最沉重的破坏。

所以，每个朝代刚建立的时候，人口数量总是非常少的，因为有很多百姓已在战争中丧生。在这种时候，统治者们往往会用一种叫作"无为而治"的方法来管理国家。"无为而治"的意思是：统治者对老百姓征收很少的赋税，甚至可能不征税，进而让百姓自由地生活，鼓励人民多生孩子，多生产点吃的用的。由此可见，"无为而治"其实是一种用来修复战争伤口的过渡手段。

政治篇　第15课

ài yù lí shǒu　　chén fú róng qiāng
爱育黎首，臣伏戎羌。

○ **句子释义**

　　爱护和培育老百姓，发展壮大我们的国家，使居住在周围的少数民族归顺我们。

○○ **词语释义**

　　爱：爱护。

　　育：教育、培育。

　　黎首：普通百姓，人民。

　　臣伏：（使）归顺。

　　戎羌：泛指中国周边的少数民族。

为什么我们国家叫"中国"？

我们的国家之所以叫中国，是因为我们国家的地理位置比较特殊。自古以来，华夏民族就生活在亚欧大陆东端的中部，也就是说我们的国家是一个中央之国，所以叫作中国。

中国古代分布在华夏族周围的少数民族，按居住方向可分为：东夷，南蛮，西戎，北狄。

古往今来，历史上强盛的国家会对周边的国家和民族产生一种向心力。正如《千字文》所说的"爱育黎首，臣伏戎羌"。发展、壮大我们国家的文化和实力，就能使周边的其他民族被我们的文化、生活环境所吸引，主动归顺我们。

而中华民族自古以来就是这样的一个民族。除了《千字文》中提到的居住在西边的戎族和羌族，其实我们的影响还辐射到了东、南、西、北各个方向。比方说，中国古代文化向东影响到了日本和朝鲜半岛，向南影响到了越南，以及整个东南亚地区。所以直到今天，我们仍然可以在周边国家的文化中看到一些熟悉的影子，这些都是我们中华文化繁荣强盛的一种证明。

xiá ěr yī tǐ　shuài bīn guī wáng

遐迩一体，率宾归王。

○ **句子释义**

国家内外团结成一个整体，全天下的人民都归顺于君王的统治。

○○ **词语释义**

遐迩：遐迩指远近。遐就是远，迩就是近。

一体：团结成统一的整体。

率宾：这里的"宾"其实是"滨"。"率宾"出自《诗经》中的"率土之滨"，意思是四海之内，也就是全天下。

归王：归顺君王。

56 个民族遐迩一体

在当代中国这片广袤的土地上共同生活着 56 个民族。大家无论距离远近，所属民族是否相同，都紧密地团结在一起。

在这 56 个民族里，汉族人数最多，因此不算少数民族。而另外 55 个民族人口相对较少，所以习惯上被称为"少数民族"。

少数民族中人口最多的是壮族，人口最少的是赫哲族和珞巴族。

少数民族并不少见。他们人口虽然不多，但是分布的范围却很广泛。其中，云南省是少数民族最多的省份，有 15 个少数民族为云南特有。

政治篇　第17课

míng fèng zài shù　　bái jū shí cháng

鸣凤在树，白驹食场。

○ 句子释义

高洁的凤鸟在梧桐树上鸣叫，白色的小马在我家院子里吃豆苗。

○○ 词语释义

鸣凤：鸣叫的凤鸟。

树：凤凰生性高洁，非梧桐树不栖，所以本句的"树"
　　应指梧桐树。

白驹：白色的小马。

食场："场"在这里读"cháng"，意为平坦的空地。"白
　　驹食场"的字面意思是，白色的小马在我家院子里
　　吃豆苗。

⋯ 知识加油库

凤凰和白驹

"鸣凤在树，白驹食场"，这两句话光从字面意思上

看，似乎不太好理解。毕竟前面讲着讲着神鸟凤凰，后面又突然转到普通的小白马身上，它们之间有什么联系吗？

鸣凤，就是鸣叫着的凤凰。凤凰在中国古代文化中可不是一般的鸟类，被称作是百鸟之王。凤凰这种鸟在现实中是没有的，它是传说中一种非常美丽的神鸟，只有在国家强盛、社会太平的时候才会出现。有一句古话叫作"凤非梧桐不栖"，意思是凤凰对居住的环境非常挑剔，只住在梧桐树上，别的地方都不行。梧桐树在中国古代文化中象征着高洁、美好。凤凰和梧桐，一个动物，一个植物，常常在中国古代的诗歌和文章中一起出现，分别象征着杰出的人才和能够让人才充分发挥才干的、好的环境。

"白驹食场"这句话出自《诗经》中的"皎皎白驹，食我场苗"。在《诗经》里，白驹指的是宾客，而在《千字文》中用它来指国家的人才。

"食我场苗"的字面意思是在我家的庭院里吃豆苗，而人才当然不可能像小马一样吃豆苗，人才做的事情自然是为国效力。所以这里的"庭院"指的是朝廷，"吃豆苗"则是用来形容许多人才在朝廷忙前忙后，为国家的发展努力做贡献。

再加上前一句里只会在太平盛世出现的神鸟，可见"鸣凤在树，白驹食场"描绘的其实是一幅国泰民安、人才济济的太平盛世图。

政治篇　第18课

huà bèi cǎo mù　　lài jí wàn fāng
化被草木，赖及万方。

。句子释义

君王的教化能够覆盖到一草一木，推广到天下的各地各处。

。。词语释义

化：教化。前面我们讲"龙师火帝"时，说过古代有"君
　　师合一"的传统，也就是君王要负责教化百姓。

被：覆盖，这里是指君王的教化可以覆盖到所有花草树
　　木，言下之意就是恩泽万民。

赖：推广。

万方：各地、到处。

大美千字 >

赞美的艺术

当梁武帝看见周兴嗣写的"化被草木，赖及万方"时，会是一种怎样的心情呢？要我说，梁武帝心里肯定特别舒服，就像你被表扬的时候感受到的那种好心情。

为什么梁武帝会觉得开心呢？大家可以开动脑筋，回忆一下前几课的内容。从"龙师火帝，鸟官人皇"，一直到今天的"化被草木，赖及万方"，讲的其实是人类历史的一个发展过程。而"化被草木，赖及万方"作为这个过程的最后一个阶段，自然是通过无数努力才取得的超高成就。而这个成就自然是在梁武帝的带领下才实现的，所以周兴嗣的这句话其实是在赞美梁武帝。

毕竟周兴嗣是奉梁武帝的命令写作，所以他在《千字文》里夸一下梁武帝也是很正常的。但周兴嗣和普通人不一样，普通人夸皇帝可能就是很俗气地"拍马屁"。但周兴嗣夸的就很有水平——"化被草木，赖及万方"。这个句子读起来是多么的雅正端庄，足以见到周兴嗣赞美的技巧之高，语言运用之强。

立身篇　第19课

gài cǐ shēn fà　　sì dà wǔ cháng
盖此身发，四大五常。

° **句子释义**

我们的身体和生命，既由物质构成，同时又具有社会属性。

°° **词语释义**

盖：语气词，意思是确实。读的时候要在这里停顿一下。

此身发：我的身体和头发。

四大：地、水、风、火四大元素。中国古人认为世界是由这四种物质构成的，人体也不例外。

五常：君臣、父子、兄弟、夫妇、朋友五种伦理关系。中国古人认为这是最重要的五种人际关系。

人是由什么构成的？

不知道你有没有想过这样一个问题：什么是人？或者：我们是什么？

对着镜子观察一下自己，不难发现每个人其实都差不多：一个鼻子两个眼睛，有手有脚，还有一个会思考的大脑。假如你再知道一点生物学的知识，你就可以这样说：我主要是由水、蛋白质、脂肪和无机物构成的。

对于古人来说，那时的科学技术并没有今天发达，所以他们会冒出"人是由地、水、风、火四大元素组成的"这种想法。但可以看出，古人也已经意识到人是由物质构成的，这和我们今天的基本观念是相通的。

离开镜子，再观察一下我们的四周。你会发现，周围有许多和我们相似而又不同的人围绕在我们身边。他们可能是我们的父母、亲朋、老师，也可能是我们不认识的陌生人。

总之，人与人之间似乎由一根根看不见的细线连结成了一张大网，最后再构成了我们的这个社会。所以从这个角度来看，我们又是具有社会属性的一种生物。

所以，人既是由物质构成的，又是由社会关系构成的，这是人类区别于其他生物很关键的一点。

立身篇　第 20 课

gōng wéi　jū yǎng　　qǐ gǎn huǐ shāng
恭 惟 鞠 养，岂 敢 毁 伤。

○ **句 子 释 义**

恭敬小心地维护自己的身体，怎么敢让它受到伤害？

○○ **词 语 释 义**

恭：恭敬。

惟：顺服。

鞠养：鞠和养意思一样，都是指养护。

岂：语气词，怎么、哪里。

毁：损毁。

伤：伤害。

大美千字 >

学会爱自己

中国古代典籍《孝经》里有一句话和这一课的内容有些相似——"身体发肤，受之父母，不敢毁伤，孝之始也。"

这句话和"恭惟鞠养，岂敢毁伤"在表面上看起来有点像，但如果深入对比，你就会发现《千字文》的内涵要比《孝经》更为深广。

《孝经》里，将爱惜自己的原因归结为：因为人是爸爸妈妈生的，所以为了孝顺他们，我们必须要爱护自己的身体。

而《千字文》在《孝经》的基础上做了更进一步的发挥。《千字文》将人的身体、生命和自然万物，以及整个人类社会联系在一起。所以，我们不仅仅只是父母的所有物，我们的身体是大自然的一部分，我们的生命、人生也与这个世界的其他人交织在一起。基于这些不同层次、多方面的关系，我们才更应该要珍爱自己。

值得一提的是，《千字文》里描述的自爱，绝对不等于自私。因为"我"是这个世界的一部分，所以"我"珍爱自己也是对世界的一种负责。因此，这并不是一种自私、自我的小爱，而是一种美好的大爱。

立身篇 第 21 课

nǚ mù zhēn jié　　nán xiào cái liáng
女慕贞洁，男效才良。

◦ 句子释义

女子应当仰慕忠贞自洁的榜样，男子应当效仿才德兼备的贤士。

◦◦ 词语释义

慕：仰慕。

贞洁：忠贞自洁。

效：效仿、学习。

才良：才德兼备的贤良之士。

男孩女孩都一样

在古代，人们往往会严格要求：女性一定要忠于自己的丈夫，男性一定要好好读书，努力考取功名。

这些古代的道德标准，有些是可取的，有些已经被时代淘汰了。今天已经不再是"男尊女卑"的旧社会，现在人们追求的是男女平等，也就是男孩女孩都一样。

不管是在可以享受的权利，还是应该履行的义务上，男女之间的区别已经越来越少了。也就是说，男性和女性在道德和能力方面的要求都是一样的。女性要对感情忠诚，男性也要对感情忠诚。男性可以全身心地追求自己的事业，女性一样也可以这么做。

只有大家的权利和义务一致，才叫作真正的平等。

立身篇　第22课

zhī guò bì gǎi　　dé néng mò wàng
知过必改，得能莫忘。

○ **句子释义**

知道自己错了，就一定要改正；得到一种能力，就千万不要遗忘。

○○ **词语释义**

知：知道。

过：过错。

必：必须、一定。

改：改正。

得：得到、学会。

能：能力。

莫：不要。

忘：忘记、遗忘。

必改与莫忘

《论语》中有句话叫"过则勿惮改"。意思是：犯错了就不要害怕改正。这句话正是"知过必改"的出处。

文采斐然的周兴嗣不仅对各类典籍信手拈来，而且还在改写的过程中，给原句增添了许多表达的魅力和深刻的内涵。

更加深刻的内涵，体现在"知"和"必"这两个字上。"知过"，首先你要知道自己错在哪，然后才能更有效地改正错误。"必改"，光知道错了还不够，你必须要认真地改正才有用。这就是《千字文》想要传达给我们的逻辑。

"得能莫忘"的意思是得到一种能力就不要随意遗忘它。这句话是说起来容易，做起来难呐！新学的成语、刚背的单词，这些对我们来说其实都是一种"能"，要想不遗忘只有一个办法，那就是《论语》中所说的"学而时习之"。只有多次重复，不断练习，我们才能把一个单词、一句公式，甚至一种本领牢记掌握，最后让它们变成我们自己的东西。

立身篇　第 23 课

wǎng tán bǐ duǎn　　mǐ shì jǐ cháng
罔谈彼短，靡恃己长。

○ **句子释义**

　　不要谈论别人的短处，也不要仗着自己的长处（就看不起别人）。

○○ **词语释义**

　　罔：不要。

　　谈：谈论。

　　彼：别人。

　　短：短处、不足。

　　靡：不要。

　　恃：仗着、凭借。

　　己：自己。

　　长：长处、优势。

大美千字 >

知 识 加 油 库

谦逊地对待身边每一个人

假如我们留心观察一下周围的人，很容易会发现：面对同一件事，人们的想法、做法往往会有很大不同。

那么为什么人和人之间会有如此大的差别呢？

这是因为，我们每个人的生活环境、成长经历和所受教育都有所不同。可能你生活在南方，他生活在北方；你居住在城市，他居住在乡村；你读的书多，他读的书少，等等，这些不同的经历都会让我们在个人喜好、能力上呈现出不同的面貌。因此，有些在我们看来理所当然或者很容易做到的事情，在其他人眼里，也许就非常困难。

美国著名小说《了不起的盖茨比》开头有这样一段话，可以为我们今天学到的句子做一个精彩的注解：

我年纪还轻，阅历不深的时候，我父亲教导过我一句话，我至今还念念不忘。"每逢你想要批评任何人的时候，"他对我说，"你就记住，这个世界上所有的人，并不是个个都有过你拥有的那些优越条件。"

立身篇　第 24 课

xìn shǐ kě fù　　qì yù nán liáng
信使可覆，器欲难量。

○ **句子释义**

　　人要守信用，让自己说过的话能够被兑现；为人处事心胸器量要宽广，宽广到让人难以估量才好。

○○ **词语释义**

　　信：讲信用。

　　使：要让……

　　可覆：可以实现。

　　器：胸怀、器量。

　　欲：和"使"同义，意为要让……

　　难量：难以估量。

人无信不立

"信使可覆"这句话出自《论语》："有子曰：'信近于义，言可复也。'"这里的"有子"是指孔子的学生有若。这句话的意思是："有若说：'要让你的信用符合道义，使你说过的话能够被证实，能够经得起别人的检验。'"简单来说，就是答应过的事，一定要言出必行，说到做到。

普通人很常见的一个毛病，就是经常立志和经常反悔。说过的话、答应的事很容易就忘了，也不去兑现。因此孔子才说："人无信而不立。"一个没有信用的人，是永远无法安身立命的。

"器欲难量"的"器"字，是胸怀、器量的意思。我们的心胸就像一个可以装东西的器皿，比如杯子、碗、盆子、壶，等等。有的人能够包容他人，就像一个器皿装的东西多，我们认为这样的人很大器。反过来说，有的人心胸狭窄，不能包容他人，我们称这样的人很小器。

mò bēi sī rǎn　　　shī　zàn gāo yáng
墨悲丝染，《诗》赞羔羊。

句子释义

墨子悲叹白丝被染上了杂色，《诗经》赞颂羔羊的皮毛洁白无瑕。

词语释义

墨：墨子。

悲：悲叹。

丝：生丝，未加工过的丝。

染：（被）染色。

《诗》：泛指《诗经》，这里具体指《诗经·召南·羔羊》，其中有赞美羔羊皮洁白的句子。

赞：赞美、称赞。

羔羊：小羊。

墨悲丝染

在中国古代，有一位著名的思想家叫作墨子，他的言论和思想被写成了一本同名的书。在这本叫作《墨子》的书中，记载了这样一个故事：

有一天，墨子路过一个染坊，看到原本雪白的生丝在各色的染缸里被染上了颜色。不管后来再怎么漂洗，也无法将被染色的生丝恢复成原来的颜色。墨子看到此情此景，不由得悲伤落泪，并说道："染于苍则苍，染于黄则黄……不可不慎也。"

这句话的意思是：生丝在青色的染缸里就会变成青色，在黄色的染缸里就会变成黄色，我们人生活在这个世界上也是一样的，不能够不小心谨慎啊！

人的本性就像生丝一样，刚开始都是洁白无瑕的。而一旦在外部环境中受到污染，就很难再恢复到当初的纯洁质朴了。这也就是中国传统文化里"近朱者赤，近墨者黑"的道理。

立身篇　第26课

jǐng xíng wéi xián　　kè niàn zuò shèng
景行维贤，克念作圣。

○ 句 子 释 义

　　要仰慕圣贤的德行。如果能够克制自己过分的欲望，就能成为一代圣人。

○○ 词 语 释 义

　　景行：光明、崇高的德行。

　　圣：圣人。

　　克念：克制自己过分的欲念、欲望。

　　作：成为。

○○○ 知 识 加 油 库

高山仰止

　　《诗经·小雅》中有这样一句诗——"高山仰止，景行行止。"意思是说：贤德的人，他的德行就像一座巍峨的高山一样，人人敬仰；他走过的道路犹如一条平坦的大道，人人向往。

"景行维止"就是出自于此。"景"字的本义是太阳照在高山上，因而有光明、高大的意思。而"景行"自然就是指像日光和高山一样光明、崇高的德行。芸芸众生之中，唯有德行光明者，才能成为人群敬仰的高山。

心有野马

《尚书》有言："惟圣罔念作狂，惟狂克念作圣。"意思是：人只有克制自己的杂念，才能成为圣人；而圣人如果放纵自己的杂念，也会退化成凡夫俗子。

这句话里，用了一个"狂"字来形容普通人。其实每个人的脑海里，都有许多像野马一样到处狂奔、缺乏拘束的念头和思想。哪怕是圣人也不例外。

尽管心有"野马"，但圣人和普通人最大的区别就在于：圣人可以克制这些杂念，就像拿缰绳把野马管束起来；而普通人经常会选择放纵自己的欲念。

《千字文》教导我们，成为一个圣人，并不是遥不可及的一件事。成为圣人的标准，并不是依据外在的成就来判断，而是看这个人的内心是否笃定，是否能够克制自己过分的欲望。从这个角度讲，只要我们明确努力的方向，人人皆可以成为圣贤。

立身篇　第27课

dé jiàn míng lì　　xíng duān biǎo zhèng
德建名立，形端表正。

○ **句子释义**

　　养成了好的道德，自然会有好的名声，就像行为正直，外表自然就端正好看了一样。

○○ **词语释义**

　　德：道德、品德。

　　建：养成、建立。

　　名：名声。

　　立：确立。

　　形：通"行"，行为之意。

　　端：端正。

　　表：仪表、外貌。

　　正：正直、端正。

相由心生

"相由心生"的意思是说：一个人看到的事物，以及他的外貌长相，在一定程度上会由他的内心决定。

有人说过："一个人的相貌，30岁以前是父母负责，30岁以后是自己负责。"这句话的意思是说，人的相貌会随着人生的经历发生改变。

举个简单的例子，假如一个女孩特别爱笑，那么时间久了，她的眼角可能就会产生笑纹。同样，假如一个人老是心情不好喜欢皱眉，那么他的眉头也会出现比较明显的皱纹。

所以，如果你想要快速了解一个人，那么你可以仔细观察一下他的脸和表情，因为很有可能，他的人生经历和故事就藏在他的脸上。

立身篇　第28课

kōng gǔ chuán shēng　　xū táng xí tīng
空 谷 传 声， 虚 堂 习 听。

◦ 句 子 释 义

空旷的山谷会传来回声，在空屋子里说话也能听到回音。

◦◦ 词 语 释 义

空谷：空旷的山谷。

传：传递、传来。

声：回声。

虚堂：空屋子。

习：接二连三的重复。

听：听到（回音）。

为什么会有回音？

如果我们去过山谷，可能有这样的经历：对着山谷大喊一声，就会有连绵不断的声音回应你，而且那个声音还很像你自己的。这是怎么一回事呢？

原来，声音实质上是物体震动产生的声波，而声波以空气作为传播介质，被人类的听觉器官感知。当声波遇到高墙、大山等阻挡物时，由于穿不过去，就会被反弹回来传进我们的耳朵里，这就是回音产生的原理。

当我们在空旷的室外说话，声波会向四周扩散。这样一来，声波的能量就飘散了，所以我们几乎听不到什么回音。而在山谷中，我们就处在一个半封闭的空间里，发出的声波会被远处的山崖反弹回来，因此就会听到回音。

如果声波碰到非常光滑的墙壁，就会被连续反射多次。这样一来，就满屋子都是乱哄哄的回音了。而当声波碰到凹凸不平的粗糙墙壁，则容易被吸收进去，不再反射出来。所以，电影院为了避免回音造成干扰，会把墙壁打造成凹凸不平的样子。

这下我们弄明白了，当你走近山谷大喊一声，那个模仿你说话、回应你的东西就是回音！

立身篇　第 29 课

huò yīn è jī　　fú yuán shàn qìng

祸因恶积，福缘善庆。

○ 句 子 释 义

（文义衔接前两句）就像人的声音在山谷和空房子里堆积多了，就会产生回音一样，一个人坏事做多了自然就会碰上灾祸，好事做多了则能带来好运和福气。

○○ 词 语 释 义

祸：灾祸、祸患。

因：因……而起。

恶：恶行。

积：累积。

福：福气。

缘：缘自。

善：善行。

庆：吉祥、喜庆。

积善之家必有余庆

"祸因恶积，福缘善庆"这句话出自《易经》。《易经》中说："积善之家必有余庆，积不善之家必有余殃。"大意是：经常做善事的家庭，一定会有绵长的福气；经常做坏事的家庭，一定会灾祸不断。而周兴嗣改写的"祸因恶积，福缘善庆"，则重点讨论了善恶与福祸的因果关系。

在这句话里，善恶是原因，福祸是结果。就像"种瓜得瓜，种豆得豆"一样，里面的逻辑关系是非常清晰的：人为什么会有祸？是因为小恶的不断积累，这是"恶积"。为什么会有福？是因为善行的不断累积，这是"积善"。

三国时期蜀国的开国君主刘备，在即将去世的时候，给他的儿子刘禅留下了两句话，叫作"勿以恶小而为之，勿以善小而不为"，意思是：只要是不好的事情，哪怕再小，也不要放纵自己去做；只要是好的事情，哪怕再小，也不要忽略不去做。刘备这句话说的是做法，《千字文》里说的是由做法导向的结果，本质上的意思是一样的。

立身篇　第30课

chǐ bì fēi bǎo　　cùn yīn shì jìng
尺璧非宝，寸阴是竞。

○ 句子释义

　　与时间相比，哪怕是价值连城的美玉也算不上宝贝。但对于一去不复返的时光，就算只有片刻，我们也应该加倍珍惜。

○○ 词语释义

　　尺：一尺长。

　　璧：指中心有孔的玉环。后世用"璧"指上等的美玉。

　　非：不是。　　宝：宝物、珍宝。

　　寸阴：短暂、片刻的时光。

　　是：复指"寸阴"，可不译。

　　竞：竞争、比赛。

·· 知识加油库

价值连城

相传在春秋时期的楚国，有个叫卞和的人在楚山中拾到一块玉璞。卞和看出这是一块美玉，便把它奉献给了楚厉王。厉王叫来辨别玉石的专家鉴定，鉴定的结果却说这只是一块石头。厉王大怒，认为卞和是在戏弄自己，于是就以欺君之罪名，砍掉了卞和的左脚。不久，厉王死了，武王即位，卞和又把这块玉璞献给了武王。武王也请来专家鉴定，结果同样认为这是一块石头，所以武王又以欺君之罪，砍掉了卞和的右脚。

武王死后，文王即位。卞和抱着玉璞到楚山下大哭，一直哭了三天三夜。眼泪哭干了，最后哭出了血。文王听说后，就派人问他："天下被砍掉脚的人很多，都没有这样痛哭，你为什么哭得这样悲伤呢？"卞和回答说："我不是为我的脚被砍掉才悲伤痛哭，我悲伤的是有人竟把宝玉说成是石头，给忠贞的人扣上欺骗的罪名。"于是文王就派人对这块玉璞进行加工，发现这果然是一块罕见的宝玉。因为这块宝玉最早是由卞和发现的，所以世人把它命名为"和氏璧"。

由于和氏璧本身非常珍奇，加之来历不凡，因此便成为世间公认的至宝。它的价值被认为和城池一样珍贵，又被称为"价值连城"。秦国甚至提出用十五座城池来交换它。但就是这样一块价值十五座城池的宝玉，在古人的心目中也比不上片刻的时间。因为一件宝物再珍奇，也是可以复制和再创造的。可一段时光一旦流逝，哪怕只有片刻，无论过后怎样追悔，也是无法再度重来的。这就是"尺璧非宝，寸阴是竞"所含的深刻道理。

立身篇　第31课

<ruby>资<rt>zī</rt></ruby> <ruby>父<rt>fù</rt></ruby> <ruby>事<rt>shì</rt></ruby> <ruby>君<rt>jūn</rt></ruby>，<ruby>曰<rt>yuē</rt></ruby> <ruby>严<rt>yán</rt></ruby> <ruby>与<rt>yǔ</rt></ruby> <ruby>敬<rt>jìng</rt></ruby>。

◦ 句子释义

奉养父亲，侍奉君主，都要严肃而恭敬。

◦◦ 词语释义

资：奉养。

父：父亲。

事：侍奉。

君：君主。

曰：发语词，没有实际意义，不译。

严：严肃，一丝不苟。

与：连词，和。

敬：恭敬。

曾子耘瓜

曾参（shēn）是孔子的一位优秀的学生，以孝顺父母而闻名。

有一天，曾参在地里锄瓜，不小心斩断了瓜的根。他的父亲曾晳非常生气，举起一根大棍就打向他的背。曾子摔倒在地上晕了过去，过了很久才苏醒过来。曾子高兴地爬起来，先问候他的父亲："刚才我得罪了父亲大人，您为了教导我而用力打我，您没有受伤吧？"然后退下去回到房里，边弹琴边唱歌，想让父亲听见以后知道他的身体恢复了健康，不要为他担心。

孔子听说了这件事情感到非常生气，告诉弟子们说："如果曾参来了，不要让他进来。"曾参不知道自己犯了什么错，就托人向孔子请教。孔子说："从前舜侍奉父亲，父亲使唤他的时候，他总在父亲身边，但是当父亲要杀他，却找不到他。父亲轻轻地打他，他就站在那里忍受，父亲用大棍打他，他就逃跑。因此他的父亲没有背上不义之父的罪名，而他自己也没有失去为人之子的孝心。现在，曾参侍奉父亲，父亲往死里打他，他也不躲避。他如果真的死了，就会陷他的父亲于不义。相比之下，哪个更为不孝？"曾参听说了这些话，才认识到了自己的错误。

由此可见，在古人心目中孝顺并不是一味地愚孝，而是要开动脑筋，用正确的方式去孝顺长辈。

立身篇　第 32 课

xiào dāng jié lì　　zhōng zé jìn mìng
孝当竭力，忠则尽命。

◦ **句 子 释 义**

孝顺父母应当竭尽全力，忠于君主就要不惜献出生命。

◦◦ **词 语 释 义**

孝：孝顺父母。

当：应当。

竭力：用尽全力。

忠：忠于君主。

则：就要。

尽命：竭尽生命。

孝传五世

宋朝有一个叫陈侃（kǎn）的人，孝名传遍四方。陈侃侍奉自己的父母，态度温顺恭敬，对父母的要求可谓是百依百顺，在日常生活中也竭尽所能让父母开心。假如父母生病了，陈侃就会捧着汤药，不分昼夜地守候在父母床前。后来，父母逝世，陈侃伤心欲绝。

陈侃的孝行，被他的家人当作典范，传给了子孙后代。家族中的人们接连学习这种孝举，人人弘扬孝道。

就这样，陈侃凭借一己之力，带动整个家族上千人学习、践行孝道。从此，陈家五代同堂，上慈下孝，兄友弟恭，夫唱妇随，妯娌和合，满堂春风，在乡邻之间传为佳话。

朝廷也特地在他家门前立了一面写着"孝门陈君"的旗子用以表彰。父老乡亲们也管陈家叫作"陈孝门"。

立身篇　第33课

lín shēn lǚ bó　　sù xìng wēn qìng
临深履薄，夙兴温清。

◦句子释义

（侍奉父母要竭尽全力），像站在悬崖边上或者走在薄冰面上那样小心谨慎，要早起晚睡，让他们在冬天感到温暖，在夏天觉得凉快。

◦◦词语释义

临深：面对着悬崖深渊。

履薄：走在薄薄的冰面上。

夙兴："夙兴夜寐"的缩略，意思是很早起床，很晚睡觉。

温清："冬温夏清"的缩略，意思是冬天注意防寒保暖，夏天注意防暑降温。

大美千字 >

为什么"清"是两点水？

这个"清"并不是错别字，它本来就只有"两点水"。所谓"两点水"，其实是冰字旁，代表寒冷、冰冻的意思。而汉字里的"三点水"才是代表水的意思。

它和平时比较常见的"清"字并不是同一个字。清的意思是使人感到清凉、凉快，描述的是一种感觉。而清通常指清澈、干净，经常用来形容水源。所以，我们要把这两者区分开，千万不要混为一谈。

在这句话里，有一对反义词，不知道你有没有发现呢？

这对反义词就是"温"和"清"。温，是指感到温暖；清，是指感到凉快。虽然这两个字意思相反，但都是指让人舒服的感受。用在"夙兴温清"里，就是说古人每天都会对自己的父母嘘寒问暖，让父母感到舒适、开心。

立身篇 第34课

sì lán sī xīn　　rú sōng zhī shèng
似兰斯馨，如松之盛。

○ **句子释义**

君子要像兰花一样，散发着淡淡的、不张扬的、让人感到舒适的馨香。还要像松树一样，能在寒冬中顽强生存。

○○ **词语释义**

兰：指兰草。

斯：这样的。

馨：淡雅的、不张扬的香气。

松：指松柏。

之：这样的。

盛：茂盛。

　　 大美千字 >

君子品行：温柔而坚强

孔子曾经说过一句著名的话："岁寒，然后知松柏之后凋也。"这句话的意思是：到了每年天气最冷的时候，许多植物都因为忍受不了严寒而凋零，只有松柏依旧挺拔。所以人们常用松柏来比喻在艰苦环境中仍能坚强生存、保持自我的真君子。

而"似兰斯馨"则是说，君子应该要像幽谷中绽放的兰花一样，身姿温柔低调，散发着淡淡的馨香。味道虽不浓烈，却能散播得很远。

这一柔一刚，两面一体。说明了君子的内在是温柔的，正所谓"谦谦君子，温润如玉"。而在面对外部环境时，特别是一些不如意的逆境时，君子又能够用一种坚强的态度去应对。

这种既温柔又坚强的气质，正是君子品行的完美体现。

立身篇　第35课

chuān liú bù xī　　yuān chéng qǔ yìng
川 流 不 息， 渊 澄 取 映。

○ **句子释义**

君子的品行绵延、持久，如同大江大河永不停歇。君子在清澈的水潭边，会认真观察自己的倒影，从而反省自身。

○○ **词语释义**

川：河水。

流：流淌、奔流。

不息：不停止。

渊：很深的潭水。

澄：清澈洁净。

取映：用清澈的潭水照镜子。

君子品行：动静相宜

"川流不息"出自《论语》："子在川上曰：'逝者如斯夫，不舍昼夜。'"讲的是孔子站在河边，看着眼前的河水感叹道："时间就像这奔流的河水一样，不论白天黑夜，总在不停地流逝。"这里的"川"比喻的是时间。

而在《千字文》里，周兴嗣用"川"来比喻君子的品行，说君子的品行应该像不停流淌的江河一样，绵延持久，永不停歇。这个比喻义虽然和《论语》中的不太一样，但却有着另外的精彩。

"渊澄取映"，说的是君子在清澈的潭水边，会认真观察自己的倒影。所谓"照镜子"，其实就是在观察自身，进而反省自己，就像曾子曾经说过的"吾日三省吾身"一样。

"川流不息"呈现的是一种动态美，而"渊澄取映"更像是一幅静止的图画。两者一动一静，一外放，一内省，结合在一起构成了君子品行的另一个侧面，足以见得周兴嗣的文采高明。

立身篇　第36课

róng zhǐ ruò sī　　yán cí ān dìng
容止若思，言辞安定。

◦ 句子释义

仪态行为要沉静安详，说话对答要从容稳重。

◦◦ 词语释义

容：仪容、仪态。

止：举止、行为。

若思：若有所思，指沉静安详的样子。

言辞：所说的话。

安定：安定、沉稳。

‥ 知识加油库

容止若思的谢安

太元八年（公元 383 年），苻坚率百万大军南下，打算一举吞灭东晋。东晋负责军事指挥的谢安却依旧镇定自若，只派了谢石和谢玄等率兵八万前去抵抗。谢玄心里没底，找谢安请示这个仗该怎么打。谢安神情泰然地说："朝廷已另有安排。"谢玄不敢再问，只好让好友张玄再去请示。谢安却与客人在深山别墅中下棋，又和张玄下棋赌别墅。谢安棋艺不如张玄，但张玄心慌反而输给了谢安。谢安兴致很高，登山游玩直到天黑，回来后才把谢石、谢玄等人召集起来当面交代打仗的事。

当时，将军桓冲在荆州听说形势危急，专门派三千精兵来保卫首都。没想到谢安却对他派来的人说："我这儿已经安排好了，你们还是回去加强西面的防守吧！"属下人把情况告诉桓冲，桓冲说："谢公的气度叫人钦佩，但眼看敌人就要到了，我们兵力这么少，他还那样悠闲自在，看来我们要输了。"

没想到，双方在淝水决战的时候，谢玄等人率领的七万晋军打败了敌人的十五万大军。当晋军大获全胜的捷报送达时，谢安正在和客人下棋。他看完捷报后，继续不动声色地下棋。客人忍不住问他战况，谢安淡淡地说："没什么，孩子们已经打败敌人了。"直到客人告辞以后，谢安才抑制不住内心的喜悦，手舞足蹈地跳进房间，一不小心还把鞋子给磕坏了。就这样，在淝水之战胜利后，谢安的声望一时间达到了顶峰。

处事篇　第37课

dǔ　chū chéng měi　　shèn zhōng yí　lìng
笃初诚美，慎终宜令。

○ 句子释义

做任何事情，开始的时候踏踏实实固然很好。但如果能够一直保持开始时的认真态度，坚持到底，则更加难能可贵。

○○ 词语释义

笃：实在、踏实。

初：开始、开端。

诚：固然。

美：好。

慎：小心谨慎。

终：终点、结束。

宜：更加，表示递进。

令：大好，比"美"的程度更好。

大笺千字 >

行百里者半于九十

《战国策》里有一句话叫作："行百里者半于九十。"这句话的意思是：走很远路程的人，至少半数以上都在离终点很近的地方放弃，最终失败了。

这句话的重点是指走最后一段道路是十分艰难的。所以越到后面越要小心谨慎，不可掉以轻心。因此，"行百里者半于九十"也用来比喻做事越接近成功越困难，就越要坚持到最后。

战国时期，就曾经有一个臣子用这个典故来劝谏当时骄傲自满的秦武王，及时让秦武王认清了当时的局势，进而避免了秦国被其他国家群起而攻之的败亡结局。

当时秦国作为一个强大的诸侯国，实力超过另外五国，所以秦武王就觉得自己胜券在握，一定可以称霸天下，因而开始有些骄傲自满。

其中一个大臣看出了秦武王的这种危险心态，于是就用"行百里者半于九十"这个典故提醒秦武王，告诉他虽然秦国距离成功不远，但实际上还有"十里路"没有走完。这"十里路"非常关键，如果秦国没能在这最后关头，把宋、齐两国争取过来，就会导致宋、齐两国加入敌方的阵营。最后的结局就会变成另外五国联合起来消灭秦国。

秦武王在听了大臣的这番话以后，认识到了自己的错误，于是不再掉以轻心，最终带领秦国走向了强大。

处事篇　第38课

róng yè suǒ jī　　jí shèn wú jìng
荣业所基，籍甚无竟。

○ 句子释义

（文义衔接前两句）这是一个人一生的荣誉和事业的基础，有了这个根基，人的发展才能永无止境。

○○ 词语释义

荣业：荣誉和事业。

所基：所凭借的基础。

籍甚：在此基础上。

无竟：没有止境。

•• 知识加油库

《史记》的由来

《史记》是由汉代的司马谈、司马迁父子联合写作完成的。

司马谈是汉朝专门掌管修史的官员，他立志要编写一部史书，记载从黄帝到汉武帝数千年的历史。受父亲的影响，他的儿子司马迁努力读书，大大充实了自己的历史知识。他还四处游历，广交朋友，积累了大量的历史资料。

只可惜，司马谈在还没有写完《史记》的时候就生了重病。他在临终之际，泪流满面地拉着儿子的手说："我死之后，朝廷会让你继任我的官职的，你千万不要忘记我想要完成的史书啊！"

司马迁牢记父亲的嘱托，每天忙着研读历史文献，整理父亲留下来的史料和自己早年间走遍全国搜集来的资料。就这样，年复一年，日复一日，一写就写了几十年。

正当《史记》快要完成的时候，一场飞来横祸突然降临到他的头上：司马迁因得罪汉武帝，入狱遭受了酷刑。

受刑后的司马迁悲愤交加，很多次想到了自杀。但一想到《史记》还没有完成，便打消了这个念头。他想："人总是要死的。有些人的死比泰山还重，有些人的死比鹅毛还轻。我如果就这样死了，岂不是比鹅毛还轻吗？所以我一定要活下去！一定要写完这部书！"

想到这里，司马迁尽力克制自己，把个人遭受的耻辱和痛苦全部埋在心底，继续《史记》的写作。

在司马迁晚年的时候，终于完成了这部52万余字的辉煌巨著——《史记》。这部前无古人的著作，耗尽了司马谈和司马迁父子俩毕生的心血。可以说，他们父子俩正是凭借着"笃初诚美，慎终宜令"的信念才完成了这件气势恢宏的壮举，最终实现了"籍甚无竟"的伟大成就。

处事篇　第 39 课

xué yōu dēng shì　　shè zhí cóng zhèng
学 优 登 仕 ， 摄 职 从 政 。

◦ 句 子 释 义

学业突出了，就去做官，获得一定的职位从事政治，为社会服务。

◦◦ 词 语 释 义

学优：学习成绩优异、突出。

登仕：登上仕途，也就是指做官。

摄职：获得职位。

从政：从事政治。

子夏和周兴嗣的不同之处

"学优登仕"出自《论语》中子夏说的"学而优则仕"。

《论语》中的原文是："子夏曰：仕而优则学，学而优则仕。"很多人误解了这句话真正的意思。一般人把这句话理解为：学习优秀了，就去做官。这个理解不对的地方就在于这个"优"字，这个"优"在子夏的原话里其实并不是优秀的意思，而是优裕、富余的意思，或者说是行有余力的意思。所谓"学而优则仕"，是说学习文化知识之外，还有多余的精力，那么就把这多余的精力用来做官。子夏是一个非常热爱学习知识的人，他是一个以钻研学问为人生事业的学者，所以在他的心目中，学习是最重要的事情，做官这件事的重要性一定是排在学习之后的。

《千字文》里所说的"学优登仕"和《论语》里所说的"学而优则仕"，意思大致接近。细节的差别在于《千字文》里的"登"字。"登"作为一个动词，是一个从下往上走的动作，也就意味着做官是从地位低的位置走向地位高的位置。这是因为《千字文》的作者周兴嗣本人，除了是一位文学家之外，还是一位政府官员，所以在对待做官这件事情的态度上，和作为学者的子夏会稍微有一点点不同。但这没有谁对谁错，只是身份立场不同而已。

处事篇　第40课

cún yǐ　　gān táng　　　　qù ér yì yǒng

存以《甘棠》，去而益咏。

◦ 句子释义

　　周人为了纪念召伯，把对召伯的爱戴写成《甘棠》歌留存下来。在召伯去世以后，老百姓对他更加地怀念歌咏。

◦◦ 词语释义

　　存：留存、保存。

　　以：用……

　　《甘棠》：《诗经·国风》中的《甘棠》篇。

　　去：这里指去世。

　　益：更加地。

　　咏：歌咏。

⁚ 知识加油库

甘棠遗爱

周朝开国之初有一位大臣叫作召（shào）公，他是开国

　　　　　　　　　　　　　　　　大美千字 >

君主周武王的弟弟。召公采邑在召（今陕西岐山西南），故称召公或召伯，他为周朝呕心沥血，政绩非常显赫。

召公喜欢深入基层体察民情，到各个地方去办公。有一次，召公到地方办事，正值夏季炎热，于是召公便不在屋内待着，而是每天在一棵甘棠树下办公。

召公在当地待了一段时间，专门处理民间事务。他办事非常认真公正，给老百姓解决了很多生活中的难题。

他离开之后，老百姓十分怀念他，纷纷说道："这样的好官太少了。不仅到我们百姓中来，而且就在一棵甘棠树下办公。办完了事，也不拿我们老百姓的东西吃喝。如果天底下的官员都像他这样的话，不就太好了吗？"

当地的百姓非常怀念他，所以特地把那棵甘棠树保护了起来，不允许任何人触碰。并且专门为他写了一首歌，这首歌后来被收录在《诗经·甘棠》篇之中。人们是这样歌颂召公的："蔽芾甘棠，勿翦勿伐，召伯所茇；蔽芾甘棠，勿翦勿败，召伯所憩；蔽芾甘棠，勿翦勿拜，召伯所说。"意思是："郁郁葱葱的甘棠树，不要砍伐它！召公在这里露宿过。郁郁葱葱的甘棠树，不要伤害它！召公在这里休息过。郁郁葱葱的甘棠树，不要攀折它！召公在这里停顿过。"

历史上还有许多像召伯这样伟大的政治人物，他们做出了许多造福百姓的贡献。当他们离开以后，世人没有将他们就此遗忘，反而会用歌唱的方式更加深刻地铭记他们。

处事篇　第41课

yuè shū guì jiàn　　　lǐ bié zūn bēi

乐殊贵贱，礼别尊卑。

○ 句子释义

地位高低不同的人听不同的音乐，礼制把人划分为不同的等级。

○○ 词语释义

乐：音乐。

殊：特殊、区分。

贵贱：身份尊贵或卑贱。

礼：礼节。

别：分别、区分。

尊卑：地位尊贵或卑微。

大美千字 >

发源于周朝的礼乐制度

中国历史发展到周朝的时候，产生了严格的等级制度，也就是周礼。周礼把人分成了很多不同的等级，有的高，有的低。等级最高的人是周天子，接着从上往下大致的划分是诸侯、大夫、士、平民。礼所代表的不是一种客气的礼貌，而是一种等级制度，是必须要遵守的，相当于今天的法律，不遵守是要受到惩罚的。

在周朝，不同等级的人穿什么样的衣服、坐什么样的马车、听什么样的音乐，都有相关的规定。其中，音乐是一个很重要的制度象征，所以等级制度又被称为礼乐制度。

有人可能会产生疑问：音乐不就是听听曲子、唱唱歌吗？这是很容易的事情啊，那为什么音乐会成为等级制度的象征呢？

这是因为，我们现在是一个科技发达的时代，音乐的演奏技术和传播技术都非常普及，但是在两三千年前的周朝，演奏音乐是一件成本非常高、技术难度非常大的事情。我们国家有一件珍贵的乐器文物，叫作曾侯乙编钟，是国家一级文物，现在收藏在湖北省博物馆。这座编钟非常精美华丽，大气典雅，在当时是要以举国之力才能建造出来的。可以说，音乐在遥远的周朝，是国家最高科技水平和生产水平的体现，同时还非常富有艺术格调，所以就用它来代表等级制度。

处事篇　第42课

shàng hé xià mù　　fū chàng fù suí
上和下睦，夫唱妇随。

○ 句子释义

地位高低不同的人都相处得非常融洽，丈夫提出的意见，妻子会跟随支持。

○○ 词语释义

上：地位高的人，如长辈。

下：地位低的人，如晚辈。

和：和谐。

睦：和睦。

夫：丈夫。

唱：提倡、倡议。

妇：妻子。

随：跟随、支持。

萧史弄玉的故事

春秋时期，秦国国君秦穆公有一个女儿叫弄玉。弄玉不仅长得漂亮，还特别擅长吹箫。弄玉长大后，秦穆公想找一个优秀的男孩子来做弄玉的丈夫。秦穆公找来了许多预备人选，有的能征善战，有的文采飞扬。但弄玉一个也不喜欢。

一天晚上，弄玉正独坐吹箫解闷，突然听到远处隐约也传来一阵箫声。这阵箫声和她的箫声一唱一和。不仅如此，远处的箫声吹得比弄玉还要好许多。于是，弄玉请父亲派人找那个吹箫人。秦穆公派出去的人回来报告，在华山上有一位相貌俊美的男子夜晚吹箫，引得凤凰下凡，聚集到了华山之上。秦穆公连忙再次派人去把这位男子请回家，询问之下才知道这位男子叫萧史，是一位箫乐演奏大师。

弄玉对萧史一见倾心，于是二人结为夫妻，秦穆公为他俩专门修建了"凤凰台"供他们居住。从此他们每天在一起吹奏箫乐。在萧史的教导下，弄玉的音乐造诣突飞猛进。一天晚上，萧史和弄玉在凤凰台上合奏箫乐，乐声的和谐境界感动了天上的神明。于是天神降下一只赤色的龙和一只紫色的凤凰来迎接他们，萧史骑着龙，弄玉乘着凤，升天而去，最终成为了天上的一对神仙眷侣。

处事篇 第43课

wài shòu fù xùn　　rù fèng mǔ yí
外受傅训，入奉母仪。

○ **句子释义**

　　在外要接受、听从老师的教导，在家要尊重母亲的地位。

○○ **词语释义**

　　外：在外。

　　受：接受、听从。

　　傅：又称师傅，在古代专指级别很高、地位尊贵的老师。例如太子太傅，就是指给皇帝的儿子上课的老师。现代人们常用"师傅"指称一些体力劳动工作者。

　　训：训诲、教导。

　　入：在家。

　　奉：尊重。

　　母仪：母亲的身份和地位。

亲尝汤药

中国古代流传着一首关于汉文帝的歌谣："仁孝临天下，巍巍冠百王。莫庭事贤母，汤药必亲尝。亲病三年无一怠，尝药奉母真圣怀。汤释仁孝道德楷，药名文景天下乖。"

西汉时期的汉文帝是汉高祖刘邦的第四个儿子，在还没有登上帝位以前，就被父亲刘邦册封为代王。

汉文帝的母亲是薄太后，汉文帝对她极为孝顺，从来不敢有丝毫怠慢。有一次薄太后患病，整整病了三年之久。在这三年间，汉文帝亲力亲为照料薄太后，经常衣服也顾不上换，觉也顾不上睡，就这样陪伴在薄太后身边。

每次太后的汤药煎好了，如果汉文帝没有亲口尝过，都不敢拿给母亲喝。就这样，汉文帝孝顺母亲的事迹传遍了整个天下，得到了广大百姓的赞颂。

处事篇　第 44 课

zhū gū bó shū　　yóu zǐ bǐ ér
诸姑伯叔，犹子比儿。

句子释义

各位姑姑、伯伯、叔叔，对待自己的侄子就像亲生儿子一样。

词语释义

诸：各个、诸位。

姑：姑姑，通常指父亲的姐妹。

伯：伯伯，通常指父亲的哥哥。

叔：叔叔，通常指父亲的弟弟。

犹：犹如。

子：儿子。

比：好像。

儿：儿子。

古典时代的大家族

中国古典时代的家庭模式和现代有很大的不同。按照我们现代家庭的模式，父母和子女组成基本的家庭单位，姑姑、伯伯和叔叔各自会有各自的家庭，一般来说，平时是各自生活，逢年过节才团聚在一起。而古典时代是大家族模式，从爷爷奶奶开始，到下一代爸爸、姑姑、伯伯和叔叔，再到第三代的孙子辈，这些堂兄弟姐妹们，都是生活在一起的。

如果大家有机会去福建或者广东的梅州地区旅游，我们就有机会看到一个从古流传至今的建筑，叫作客家围屋。客家围屋是一个巨大的圆形建筑，客家人的大家族就生活在其中，可以供非常多的家庭成员居住。在保存至今的客家围屋里，我们可以看到中国古代的大家族是怎样生活的。

处事篇　第45课

kǒng huái xiōng dì　　tóng qì lián zhī
孔怀兄弟，同气连枝。

○ 句子释义

　　兄弟之间要相互关爱，彼此气息相通，就像一棵树一样同根连枝。

○○ 词语释义

　　孔：非常。

　　怀：关爱、关怀。

　　同气连枝：出自《周易》中的"同声相应，同气相求"，意为同类的事物会相互感应。用在这里表示，兄弟之间息息相关，就像树木一样枝干相连。

"孔怀兄弟，同气连枝"的其他用法

"孔怀兄弟，同气连枝"这两句话原意讲的是在同一个家庭里同辈之间的相处原则，那就是相互关爱，相互团结。但是运用到写作当中，这个意思除了用来指兄弟姐妹之间的关系之外，还可以引申到具有共同文化根源的人。比如说，我们所有的中国人，都具有相同的中国文化的基因，只要我们写同样的方块字，只要我们共同为祖国的统一和发展做出努力，哪怕我们生活在地理上相隔很远的地方，在文化和情感上我们都可以说是"同气连枝"。

此外，"孔怀兄弟"还可以用来描述具有长期合作传统、具有深厚国际友谊的国际关系，比喻国家与国家之间，就像兄弟一样团结合作，共渡难关。

处事篇　第 46 课

jiāo yǒu tóu fèn　qiē mó zhēn guī
交友投分，切磨箴规。

○ **句子释义**

　　结交朋友要志趣相投，学习上相互切磋，品行上相互批评和规劝。

○○ **词语释义**

　　交友：结交朋友。

　　投分：志趣和性格相近，彼此投合。

　　切磨：切磋琢磨。切磋和琢磨都是古代制玉的方式，古人将君子不断打磨自己、提升自己的过程比作制作玉器的过程。

　　箴规：互相规劝、鼓励。箴，通"针"，古代用于针灸的工具，引申为批评的意思。规是指画图用的圆规，引申为规劝。

大美千字 >

如切如磋，如琢如磨

"切磨"，其实是指打磨玉器的四道工序的简称，即切、磋、琢、磨。"切"是"切磋"的简称，"磨"是"琢磨"的简称。这两道工序，是让玉石变为美玉的必经之路。而关于切磋琢磨，孔子和他的弟子子贡，曾经有过一段很有意思的对话。

话说有一天，子贡问孔子说："如果有人生活贫穷，但是不谄媚；生活富贵，但是不骄纵，那么像这样的人怎么样呢？"

孔子回答道："还行。但是这样的人比不上那种，虽然贫穷却生活得很快乐，虽然富贵却彬彬有礼、遵纪守法的人。"

子贡听后，又接着问道："《诗经》里的'如切如磋，如琢如磨'是不是在说，即使原来的状态已经不错了，但我们还是要像制玉那样，不断地打磨、改进，让自己成为更好的人？"

孔子听后很高兴地说："你说得很对！看来我已经可以和你谈论《诗经》了，因为只要告诉你前面的内容，你就可以举一反三知道后面的事。"

所以，《千字文》里的"切磨"实际上是在说，君子要接受后天的教育，像制玉一样，经过切、磋、琢、磨的工序，才能使一块璞玉变成色泽温润的美玉。

"切磨"用在这里，就是指朋友之间除了投缘，还要相互学习，彼此促进，只有这样才称得上是一段真正美好的友谊。

处事篇　第47课

rén cí yǐn cè　　zào cì fú lí
仁慈隐恻，造次弗离。

○ **句子释义**

对他人的仁慈、恻隐之心，即使是在仓促、慌乱的情况下，也不能够抛弃。

○○ **词语释义**

仁慈：仁爱、慈祥之心。

隐恻：也称为恻隐，指见人遭遇不幸而心有不忍。

造次：仓促。

弗：不能。

离：背离、丢弃。

•• **知识加油库**

真正的仁德君子刘备

《三国演义》有一段非常精彩的故事，叫作"携民渡江"。故事说的是曹操率领大军攻打驻扎在樊城的刘备，因为军事实力差距太大，诸葛亮就建议刘备放弃樊城，带领军队渡过汉水，撤退到襄阳去。刘备听从了诸葛亮的建议，带领军队向襄阳撤退。没有想到樊城的老百姓一听说刘备要走，纷纷跟着他的军队一起逃出城去。这个时候刘备面临两难的选择，如果带着众多老百姓一起渡河，速度会很慢，如果被曹操的大军赶上，自己肯定会被打败，甚至可能被曹操捉住杀死。如果把老百姓全部丢下不管，自己和军队倒是可以快速地撤退到安全的地方，可是老百姓很可能遭到曹操军队的屠杀。

不妨想想看，如果你是此时的刘备，你会怎样选择呢？

刘备最后决定，不管最后结果如何，都一定要带着老百姓一起走。根据正史《三国志》记载，刘备当时说了这样一段话："夫济大事必以人为本，今人归吾，吾何忍弃去！"意思是：成就大事必须把人的生命价值看成最根本的东西，现在这些老百姓都心甘情愿地跟随我，我怎么能够忍心抛弃他们！刘备是在极度危险的情况下，冒着生命危险拯救百姓的性命，非常完美地体现了《千字文》里"仁慈隐恻，造次弗离"的仁德精神。我们由此可以说，刘备是一位真正的仁德君子。

处事篇　第48课

jié yì lián tuì　　diān pèi fěi kuī
节义廉退，颠沛匪亏。

○ 句子释义

气节、正义、廉洁、谦让这些品德，即使在人最穷困潦倒甚至颠沛流离的时候，也不应该丢下。

○○ 词语释义

节：气节、操守。

义：正义，讲道义。

廉：廉洁。

退：谦让。

颠沛：颠沛流离，穷困潦倒。

匪：不应、不能。

亏：亏欠、缺失。

●● 知识加油库

苏武牧羊

西汉时期，汉武帝派苏武率一百多人出使匈奴。不料在苏武准备返回的时候，匈奴发生内乱，苏武一行受到牵连，被扣留了下来。在这期间，匈奴多次威逼利诱苏武，要求他背叛汉朝，投降单于（chán yú，匈奴对首领的尊称），但都遭到了苏武的拒绝。匈奴见劝说没用，决定用酷刑。

当时正值严冬，下着鹅毛大雪。单于命人把苏武关到一个露天的大地窖，断绝食物和水，希望这样可以改变苏武的信念。苏武在地窖里受尽了折磨。时间一天天过去，单于见濒死的苏武仍然没有屈服，只好把他放出来。单于知道苏武是不可能屈服的，但又不想放他走，于是便把苏武流放到北海一带，让他去牧羊。临行前，单于对苏武说："既然你不肯投降，那我就让你去放羊，什么时候这些羊生了小羊羔，我就让你回到大汉去。"当苏武来到北海边时，才发现这些羊全是公的，不可能生出小羊来。

在北海，唯一与苏武作伴的就是那根代表汉朝的使节和一群羊。苏武每天拿着这根使节放羊，心想总有一天能够回到自己的国家。渴了，他就吃一把雪；饿了，就挖野鼠收集的野果充饥；冷了，就挨在羊身上取暖。这样日复一日，年复一年，苏武的头发和胡须也都花白了。

十九年后，苏武终于回到了长安，他拿着光秃秃的使节，老百姓纷纷出门迎接他。每个人都由衷地称赞苏武是一个有节气的大丈夫。

处事篇　第49课

xìng jìng qíng yì　　xīn dòng shén pí
性 静 情 逸 ， 心 动 神 疲 。

○ 句 子 释 义

保持内心的平静，情绪就会感到安逸舒适。如果心情总是为外物所动，精神就会变得疲惫。

○○ 词 语 释 义

性：性情、内心。

静：安静、平静。

情：情绪。

逸：感到安逸。

心：心情。

动：波动、触动。

神：精神。

疲：感到疲惫。

诸葛亮和《诫子书》

《诫子书》是一篇流芳百代的千古名文，是三国时期伟大的政治家、文学家诸葛亮临终前写给儿子的一封家书。诸葛亮把对儿子的殷殷教诲与无限期望，都写进了这封家书里。

诸葛亮通过智慧理性、简练严谨的文字，将普天之下为人父者的爱子之情，表达得淋漓尽致，这也使得《诫子书》成为后世历代学子修身立志的名篇。其中，反复谈到了"静"在一个人的学习成长道路过程中的重要作用。

诫子书

[三国] 诸葛亮

夫君子之行，静以修身，俭以养德。非淡泊无以明志，非宁静无以致远。夫学须静也，才须学也，非学无以广才，非志无以成学。淫慢则不能励精，险躁则不能治性。年与时驰，意与日去，遂成枯落，多不接世，悲守穷庐，将复何及！

处事篇　第50课

shǒu zhēn zhì mǎn　　zhú wù yì yí
守真志满，逐物意移。

° 句子释义

　　守住自己纯真的本性，人的心志就会饱满。如果一味追求物欲享受，人的意志就被转移、改变。

°° 词语释义

　　守：坚守、守住。

　　真：纯真的本性。

　　志：心志。

　　满：饱满。

　　逐：追求、追逐。

　　物：物质、物欲。

　　意：意志。

　　移：转移、改变。

大美千字 >

打败"消费主义"

我们今天有一个很流行的概念叫作"消费主义"。什么是消费主义呢？就是社会上有的人总是在宣扬花钱买东西是一件了不起的事情，不管自己能力是大是小，也不管自己钱多还是钱少，只要花钱去买好吃的、好穿的，还有各种各样不必要的奢侈品，就觉得自己很有面子，所以哪怕去借钱、网贷，都要打肿脸充胖子。

实际上这些整天乱花钱的人内心是非常空虚的，因为他们的精神时刻被物质所诱惑，用中国古人的话来说，就是"逐物意移"。那么怎样来打败这种非常荒谬的观念呢？答案就在前面一句"守真志满"，坚守自己真诚的内心，让自己的精神意志饱满充实，不被外部的物质所诱惑和动摇。

古人所说的"真"，可以翻译为真诚的内心。其实还有一个现在大家非常熟悉的词，也表示同样的意思，那就是初心。我们现在非常熟悉的一句话叫作"不忘初心"，不要忘记自己做一件事，或者在整个人生道路上许下的最初的心愿。最初许下的心愿永远是最真诚的。我们可以把"不忘初心""守真志满"两个句子放在一起连用，表达坚守初心对于充实精神修养的重要作用。而"逐物意移"，则可以用来表达对消费主义的严厉批评，非常有分量。

处事篇　第51课

jiān chí yǎ cāo　　hǎo jué zì mí
坚持雅操，好爵自縻。

○ **句子释义**

坚定地保持高雅的情操，好的爵位自然就会属于你。

○○ **词语释义**

坚持：坚定地保持。

雅：高雅。

操：情操、操行。

爵：爵位、职位。

自：自然而然。

縻：得到满足。

大美千字 >

水到渠成的名誉地位

"好爵自縻"的"爵"字，最早是指一种贵族喝酒用的青铜器皿，造型非常精美，后来引申为天子赐封的贵族身份的意思。在先秦时期，贵族的爵位分为五个等级，从高到低分别叫作公、侯、伯、子、男，就是所谓的公爵、侯爵、伯爵、子爵、男爵。《千字文》里这个爵字，是泛指高级的社会地位。

"好爵自縻"的"縻"字，本义是拴牛用的绳子，作为动词的时候是拴住、捆住的意思。在这个地方，縻表示和什么东西绑定在一起，或者说，拥有什么东西。

"坚持雅操，好爵自縻"两句话连在一起，意思是：只要坚持美好的道德品质，那么你一定会牢牢地获得高级的社会地位。这两句话的意思和我们前面讲到过的"德建名立"比较接近，都告诉了我们这样一个道理：先做好自己，先建设好自己内在的道德修养，然后外在的名誉地位就会随之而来。

都市胜景篇　第52课

dū yì huá xià　dōng xī èr jīng
都邑华夏，东西二京。

○ **句子释义**

中国古代壮美的都城，有东京洛阳和西京长安。

○○ **词语释义**

都邑："都"相当于今天所说的首都，"邑"泛指大城市。

华夏：华夏民族，也就是指中国。

东西：东边和西边。

二京：东京洛阳和西京长安。

‥ **知识加油库**

为什么中国又叫作"华夏"？

《春秋左传正义》里有这样一句话："中国有礼仪之大，故称夏；有服章之美，谓之华。"意思是：我们中国自古以来就是礼仪之邦，因此叫作"夏"；我们民族的服饰是世界上最华美的，所以叫作"华"。可见，古人以服饰华采之美为华，以疆界广阔、文化繁荣和道德兴盛为夏。从字义上看，"华"是指美丽，"夏"是指盛大。"华夏"两字连用，表示我们中国是一个非常美好、盛大、繁荣的国家。

不把鸡蛋放在一个篮子里

长安和洛阳，是我国古代的两座超级大都市。长安，大致就是我们今天的西安。而洛阳，就是今天的河南洛阳。其中，洛阳被誉为"千年帝都""牡丹花城"，是史书上明确记载的第一个人口过百万的城市。可以想见，古代的洛阳是何等的繁华。而长安和洛阳的关系，其实就有点像我们今天北京和上海的关系。古代的长安就像今天的北京一样，是国家的政治中心。而洛阳就像上海一样，是国家的经济中心。

那么，为什么不把两个中心都放在同一个城市呢？纵观古今世界各国，我们不难发现，基本上所有大的国家都会有两个中心城市。比如说，古罗马帝国的罗马城和君士坦丁堡，美国的华盛顿和纽约，日本的东京和大阪，还有西班牙的马德里和巴塞罗那，等等。这些大的国家，会把经济中心和政治中心分散到两个不同的城市，就像把鸡蛋分别放到不同的篮子里一样。这么做的原因很简单，把鸡蛋分开来装，其实就是为了分散和降低风险。这个道理放到城市管理上也是一样的。从古至今，许多版图壮阔的国家都有两个中心城市，这么设置的原因就是为了提高国家抗风险的能力。

周兴嗣在写到"都邑华夏，东西二京"的时候，内心应该是充满自豪的。毕竟在当时，世界上可没有几个国家能像中国这样，一下子拥有两个如此繁华的超级大都市。

都市胜景篇 第53课

bèi máng miàn luò　　fú wèi jù jīng
背邙面洛，浮渭据泾。

○ 句子释义

洛阳背靠邙山，面临洛水；长安的左边是渭河，右边是泾河。

○○ 词语释义

背：背靠，也就是指北面。　　邙：邙山。

面：面临，也就是指南面。　　洛：洛水。

浮：漂流、漂浮。　　　　　　渭：渭河，水质浑浊。

据：凭据、靠着。　　　　　　泾：泾河，水质清澈。

.. 知识加油库

地名里的"阳"和"阴"

中国古人会根据具体的地理环境来给地方命名。比如说，洛阳夹在邙山和洛水之间，具体处于邙山南面和洛水北面，按照古代的命名习惯——一个地方位于山的南面或水的北面，山南水北，就称之为"阳"，所以才会有洛阳。汾阴、淮阴也是同理，只不过"阴"所代表的地理环境和"阳"相反。一个地方，如果位于山的北面或者水的南面，也就是山北水南，那么就会被称为"阴"。中国的地名之中，有许多都带有"阳"或者"阴"字。比如说，洛阳、衡阳、汾阳、浏阳、淮阳、淮阴、江阴、湘阴、蒙阴、汤阴……如果我们了解了"阳"和"阴"在地名里的用法，就不难猜出这些地名所蕴含的地理信息了。

泾渭分明

泾河和渭河，是古代长安城，也就是今天西安左右两边的两条河。《诗经》有云："泾以渭浊，湜湜其沚。"字面意思是：泾水因渭水流入而变浑浊，水底却清澈如故。从这句诗中，我们可以看到古人对于泾河和渭河的描述，泾水是清澈的，渭水是浑浊的，两者之间的对比十分强烈。

泾河和渭河由于颜色和水质截然不同，所以它们之间会有一条非常明显的分界线，即使汇流到一起，也不会相互混淆。这就是所谓的"泾渭分明"。在今天，泾渭分明已经成了一个常用的成语，它既可以用来描述泾河和渭河相汇不相混的神奇景象，也可以用来比喻两样事物之间界线清楚，是非分明。

都市胜景篇　第 54 课

gōng diàn pán yù　　　lóu guàn fēi jīng
宫殿盘郁，楼观飞惊。

○ **句子释义**

宫殿回环曲折。楼台宫阙高耸欲飞，让人叹为观止。

○○ **词语释义**

宫殿：古代皇家居所。

盘：这里指建筑很多，相互簇拥在一起。

郁：重叠茂盛的样子。

楼观：楼台。

飞：高耸欲飞之势。

惊：使人心惊。

大美千字 >

皇家宫殿群的恢宏气势

"宫殿盘郁"说明宫殿的面积非常大，而且建筑的数量非常多，相互之间盘根错节，彼此重叠。所以，这一句话描述的其实是一个广大的平面。

"楼观飞惊"展现的是一个纵向、立体的画面。当你站在这些楼台建筑之上时，由于这些建筑本身很高，拔地而起，所以人站在上面会有一种身处高空、展翅欲飞的感觉，但同时多少又会让人有些胆战心惊。

正如李白《夜宿山寺》中描写的那样——"危楼高百尺，手可摘星辰。不敢高声语，恐惊天上人。"

假如说周兴嗣是一名摄影师，那么他的第一个镜头，首先是给观众铺开了一座庞大宫殿群的总貌。在你感受到这种雄伟壮观的气势之后，他突然一下子再给你来一段高耸入云的建筑物特写。

就在这一横一纵的手法之间，把一座面积广大、气势恢宏的宫殿群刻画得活灵活现。

都市胜景篇　第 55 课

tú　xiě　qín shòu　　huà　cǎi　xiān líng

图写禽兽，画彩仙灵。

○ **句 子 释 义**

宫殿里画着飞禽走兽，还有彩绘的天仙神灵。

○○ **词 语 释 义**

图：皇宫墙上的壁画。

写：画着。

禽：飞禽，指鸟类。

兽：走兽，指四只脚、全身生毛的哺乳动物。

画：也是指皇宫墙上的壁画，与"图"同义。

彩：用彩色的颜料画。

仙：神仙。

灵：神灵。

殿堂壁画

殿堂壁画，是中国传统建筑壁画中的一种，多画在宫殿、厅堂的墙壁上，作为一种装饰。根据历史记载，中国自周代以来，历朝宫殿里都有壁画装饰。

画作内容一般有山川风景、英雄人物、飞禽走兽、鬼怪神灵，等等。但由于建筑物被毁坏，这类壁画很多都没能完整地保存下来。

而今天这一课"图写禽兽，画彩仙灵"，指的就是宫殿里的华美壁画。

其实不仅仅是中国古代，有很多欧洲国家，也喜欢在宫殿的墙上或者天花板上作画装饰。欧洲壁画，画的多是一些神话人物和神话故事。比如说，法国的凡尔赛宫和卢浮宫里，就有大量的壁画装饰。这在当时，其实就是一种繁华富贵的表现和象征。

都市胜景篇　第56课

bǐng shè páng qǐ　　jiǎ zhàng duì yíng
丙舍傍启，甲帐对楹。

○句子释义

　　主殿里悬挂着华美的幕布，幕布对面是一根根高大结实的柱子。主殿旁边则围绕着一些次要的房间。

○○词语释义

丙：次要的。

舍：房间。

傍：旁边。

启：建造、建立。

甲：最主要的。

帐：大殿里的幕布。

对：对着。

楹：宫殿里的大柱子。

皇家宫殿细节

如果你曾经去过北京故宫，你可能会发现这样一个现象。那就是在故宫里，一些比较大的主殿旁边，总是围绕着一些比较小的房子。

而那些比较小的房间，就是这一课所说的"丙舍"，其实也就是指偏殿。

那么为什么要叫它们"丙舍"呢？这是因为，按照中国古代的计数方法排名：甲、乙、丙、丁、戊、己、庚、辛……"丙"位列第三，而"甲"位列第一。两者谁更重要，一目了然。

因此，这里管不那么重要的偏殿叫作"丙舍"，把最重要的主殿叫作"甲帐"。其实有很多偏殿是没有什么实际用途的，建造它们的目的，更多的是起到一种装饰的作用。

而之所以把最大的宫殿叫作"帐"，是因为这种大殿里，一般都会挂着一些华美的幕布，就像我们今天会在家里挂窗帘一样。当然，皇宫里的幕布要比家里的窗帘大得多、精致得多。

"丙舍傍启，甲帐对楹"这两句话，描写的是一种庄严肃穆、气象奢华的皇家景致。

宫廷宴会篇　第 57 课

sì yán shè xí　gǔ sè chuī shēng
肆筵设席，鼓瑟吹笙。

○ 句子释义

宫殿里正在准备酒席，宴会上侍女们演奏着笙瑟，一派歌舞升平。

○○ 词语释义

肆：安排、布置。

筵：宴席、酒席。

设：安排、布置

席：宴席、酒席。

鼓：弹奏。

瑟：弹奏乐，这里泛指音乐。

吹：吹奏。

笙：吹奏乐，这里泛指音乐。

瑟和笙

"鼓瑟吹笙"里的瑟和笙是两种中国古代的传统乐器，而且是比较高级的乐器，一般在高级的贵族宴会才会进行演奏。瑟是一种弹奏的乐器，外形和我们常见的古琴比较像，有五十根琴弦。唐代诗人李商隐有一首著名的诗歌，叫作《锦瑟》，其中有两句千古名句——"锦瑟无端五十弦，一弦一柱思华年"，里面就提到了瑟这种乐器有五十根琴弦。"鼓瑟吹笙"里的鼓不是打鼓的意思，而是指弹奏。鼓瑟，就是弹奏瑟这种乐器。笙是一种吹奏乐器，所以叫作吹笙。

"鼓瑟吹笙"这句话不是《千字文》的原创，而是从《诗经》当中直接引用下来的。《诗经·小雅·鹿鸣》篇中有两句诗，叫作"我有嘉宾，鼓瑟吹笙"，意思是宴请尊贵的客人到家里来做客，安排乐手演奏音乐来盛情招待。

宫廷宴会篇　第58课

shēng jiē nà bì　biàn zhuǎn yí xīng
升阶纳陛，弁转疑星。

○ 句子释义

官员们陆陆续续登上皇宫的台阶，头上戴着的皮帽微微晃动，上面点缀的宝石装饰在夜间忽明忽暗，就像天上的星星一样。

○○ 词语释义

升：登上。

阶：台阶。

纳：登上。

陛：台阶。

弁：官员戴的皮帽，上面有宝石做的装饰。

转：转动。

疑：疑似、好像。

星：天上的星星。

为什么皇帝被称为"陛下"呢？

"陛下"的"陛"实际上指的是皇宫里的台阶。古时候，皇帝一般会派自己信赖的近臣站在宫殿的台阶下，所以刚开始的时候，"陛下"是指站在台阶下的侍者。

那么，为什么后来"陛下"这个称呼又变成了对皇帝的尊称呢？

这是因为皇帝担心会有乱臣贼子来谋害自己，所以一般的大臣不能直接和皇帝对话，只能让站在台阶下的侍者代为转告。而出于对礼节的考虑，大臣们每次对侍从说话前，都要先说一声"陛下"，以表示对皇帝的尊敬。

久而久之，"陛下"就演变成了对帝王的敬称。到后来，皇帝对大臣的提防之心也没有以前那么重了，所以两者可以直接面对面地交流。但"陛下"这个尊称还是保留了下来。

宫廷宴会篇　第59课

yòu tōng guǎng nà　　zuǒ dá chéng míng
右通广内，左达承明。

○ **句子释义**

　　向右转通向藏纳经书的广内殿，向左转通向皇帝处理政务的承明殿。

○○ **词语释义**

　　右：右转、右边。

　　通：通往、通向。

　　广内：指广内殿，皇家图书馆。

　　左：左转、左边。

　　达：通向、到达。

　　承明：承明殿，皇帝办公的大殿。

皇家的图书馆和办公厅

"右通广内"的"内"正确的读音应该读 nà，而不是 nèi。因为这是一个通假字，通"收纳"的"纳"，表示收纳、收藏的意思。和上一句的"升阶纳陛"的"纳"，其实是同一个字。我们知道《千字文》的一大特点就是字不重复，但是有个别地方意思又必须要用到同样的字，周兴嗣就采用了一些特殊的处理办法，比如说用通假字来代替。所谓通假字，就是指古代汉语中用形近字来代替本字的情况。

广内殿是古代皇家收藏图书的建筑，也就是我们说的图书馆。广内就是广泛地收藏、收纳天下图书的意思。在古代，由于技术不发达，图书是一种很难获得的、非常珍贵的资源。中国最早的印刷书籍出现在唐朝，比周兴嗣生活的梁朝还要晚很多。在印刷技术发明以前，图书需要用手写、手绘、手抄，而且有知识有文化、能够写书的人特别少，所以书籍非常稀缺，只有皇帝和大贵族才有能力收藏图书、阅读图书。所以在古代，拥有一座藏书丰富的图书馆，就相当于掌握了稀缺的文化资源，这也是国家政权的一种象征。

宫廷宴会篇　第 60 课

jì　jí　fén diǎn　　yì　jù　qún yīng

既集坟典，亦聚群英。

○ 句子释义

　　皇家的宫殿里，既收集了这些最珍贵、最重要的典籍图书，又聚集了一大批优秀的人才。

○○ 词语释义

　　集：收集、聚集。

　　坟典：三坟五典，泛指古代的优秀典籍、珍贵图书。

　　亦：又。

　　聚：聚集。

　　群英：很多优秀的人才。

大笑千字 >

国家最宝贵的资源：知识和人才

"既集坟典，亦聚群英"对应的是上一课的"右通广内，左达承明"。通过前面的学习，我们知道了广内殿就是皇家的图书馆，而"坟典"指的就是珍贵的典籍图书，那么它对应的肯定是"右通广内"。

而承明殿既然是皇帝处理政务的办公室，协助皇帝治理国家肯定需要大量英才，而"群英"指的正是优秀人才，对应的就是"左达承明"。

为什么周兴嗣要把皇家图书馆和办公室专门挑出来写呢？

这是因为，国家最宝贵的资源，就是知识和人才。既掌握着知识的精华，又掌握着人才的精华，古代的帝王就拥有这样一种至高无上的权力。

宫廷宴会篇　第 61 课

dù gǎo zhōng lì　　qī shū bì jīng
杜稿钟隶，漆书壁经。

◦ 句 子 释 义

　　广内殿中收藏有汉代大书法家杜度的草书作品和钟繇的隶书作品，以及战国时期刻有文字的漆器，还有曾经藏在墙壁里的先秦典籍。

◦◦ 词 语 释 义

　　杜：汉代草书名家杜度。　　稿：手写的草书手稿。

　　钟：汉代大书法家钟繇。　　隶：隶书作品。

　　漆书：战国时期写在漆器上的文字。

　　壁经：指秦始皇焚书坑儒时期，被孔子的后代藏在自家
　　　　　墙壁里面的先秦典籍。

∙∙ 知 识 加 油 库

杜度和钟繇的书法成就有多高？

　　关于杜度和钟繇的书法成就，我们需要借助一个人来帮助理解。这个人大家应该都听说过，他和我们的《千字文》关系

很密切，那就是书圣王羲之。我们最开始在讲《千字文》这部作品诞生的时候讲到过，梁武帝是收集了一千个不重复的王羲之书法单字，然后命令周兴嗣编写《千字文》的。王羲之这个人，书法成就极高，而且他非常自信，一般人他都看不上。他曾经说过除了他以外，只有两个人的书法让他很佩服。其中一个是钟繇。王羲之说，钟繇的书法水平和他差不多，好像肩膀挨着肩膀那样。所以在书法史上，钟繇和王羲之也并称为"钟王"。还有一个人更厉害，王羲之说这个人的水平比自己还要高，他就是汉代的大书法家张芝。在王羲之以前，在书法上可以被称为书圣的，只有张芝。而张芝在谈论到杜度的时候，曾经说过，自己的书法比不上杜度。我们以王羲之作为一个参照，来看钟繇和杜度的书法水平。一个和王羲之差不多，一个是王羲之的偶像的偶像。由此可见，广内殿里收藏的书法作品是顶级中的顶级，非同凡响。"杜稿钟隶，漆书壁经"都是指古代珍贵的文献典籍。在这句话中，包含有杰出的书法艺术（杜度和钟繇的手稿）、珍稀的历史文物（战国时代的漆器），以及蕴含了前人智慧的先秦典籍（壁经）。这些东西都被收藏在最高级别的皇家图书馆中，并且作为藏品的代表，被周兴嗣写进了《千字文》里。可见这些文献典籍，在当时的皇族心目中占有多么崇高的地位。皇宫里什么奇珍异宝没有，但周兴嗣却偏偏把"杜稿钟隶，漆书壁经"作为财富代表来写，这就表明帝王的华贵并不是重视物质财富，而是重视精神财富。

宫廷宴会篇　第62课

fǔ　luó jiàng xiàng　　　lù　jiā huái qīng
府罗将相，路侠槐卿。

○ **句子释义**

　　皇帝把全天下的军事人才和行政人才都收为己用。来赴宴的文臣武将熙熙攘攘，夹道而行。

○○ **词语释义**

　　府罗：搜罗。"罗"的本义指捕鸟。

　　将：军事方面的人才。

　　相：行政方面的人才。

　　路：皇宫的道路。

　　侠：通假字，通"夹"，这里意为"夹住"。

　　槐：人才。

　　卿：大臣。

　　　　　　　　　　　　　　　大奚千字 >

天下英雄，入吾彀（gòu）中

唐太宗李世民是唐朝的第二位皇帝。他的文才武略都很出众，历史上著名的"贞观之治"就是由他所开创的。李世民不但有雄才大略，而且很擅于运用权谋。他在位期间，声威远播域外。

唐朝有一本专门记录唐代贡举制度和皇家杂事的书，叫作《唐摭言》。据此书中记载，有一次李世民私下去视察御史府，也就是进士考试的地方。当他看到许多新考取的进士鱼贯而出时，便得意地说道："天下英雄，入吾彀中矣！"这句话的意思是说："天底下所有有为青年，都已进入了我的掌握之中了！"

"彀"的原意是指拉开弓箭，用在这里指牢笼、圈套。"入吾彀中"就是说"进入我的圈套中了"。比如捉麻雀时，把一些稻米放在箩筐下来引诱麻雀。当麻雀来啄食稻米时，你就把支撑着箩筐的棍子一抽，箩筐就会掉下来将麻雀网住，这时候你就可以说：小麻雀"入吾彀中"了。

宫廷宴会篇　第63课

hù fēng bā xiàn　　jiā jǐ qiān bīng

户封八县，家给千兵。

◦ 句 子 释 义

　　皇帝会给每个有功之臣封赏大片土地，这些功臣可以在自家的土地上培养私人军队。

◦◦ 词 语 释 义

　　户：每户人家。

　　封：分封、封赏土地。

　　八县：八是虚指，并不是确切的数字。八县意为很
　　　　　多个县。

　　家：每家人。

　　给：给养、培养。

　　千兵：指私兵。私兵就是古代私人或民间组织供养的
　　　　　军队。

什么叫作"分封制"？

"分封制"就是指天子或者皇帝将土地分封给宗室或者有功之臣。在中国历史上，商周时期是比较典型的分封制时代。

在分封制的政治体系下，分出去的土地就不再属于天子了。所以，每一个封地就相当于一个独立的小王国，受封者有权支配这片土地上的所有资源，而受封者主要承担的义务和责任是按时向天子进贡和在天子受到进攻的时候前来营救。这些受封者叫作诸侯，诸侯们可以在自己的领地建立军队、制定法律、征收赋税，等等。

在中国历史上，由于天子或者皇帝分封土地给大臣以及允许私人军队的存在而导致的动乱非常多，经常发生封地主人利用自己的土地和军队制造叛乱，给国家带来灾难的事情。所以到后来，"郡县制"就取代了"分封制"。所谓"郡县制"，是指天子或者皇帝不再将土地分封给宗室或者有功之臣，而是直接委派听命于中央的官员去管理地方事务。

分封制在中国持续的时间非常长，虽然从战国时代晚期开始已经出现了"郡县制"的雏形，但到汉朝建立之后，古代中国的政治制度仍长期处于分封制和郡县制相结合的情况。一直到宋代，分封制才慢慢退出历史舞台。

宫廷宴会篇　第64课

gāo guān péi niǎn　　qū gǔ zhèn yīng
高冠陪辇，驱毂振缨。

○ **句子释义**

功绩显赫的大臣戴着高高的帽子，陪同皇帝一起坐车。臣子在前方挥动缰绳驱使马车，皇帝则坐在后方。

○○ **词语释义**

高冠：高高的帽子。古代贵族或高级官员的穿戴品。

陪：陪同。

辇：皇帝乘坐的交通工具。

驱：驱动、发动。

毂：车轮。

振：指振动或整理。

缨：指马的缰绳，或指衣带、皮带。

大美千字 >

为什么臣子可以和皇帝坐同一辆车？

在古代，只有贡献突出的大臣或者高官，才有和皇帝坐同一辆车的资格。这里的"辇"，指的就是一种皇帝专属的交通工具，普通人是不能用的。"陪辇"就是指大臣陪同皇帝一起乘坐辇车。

这对臣子来说，实际上是皇帝给予的一种极高褒奖和殊荣，表现了皇帝的一种肯定和信任。不过虽说是陪皇帝坐车，但作为人臣是要在前面帮皇帝驾车的。所以才有了后面这一句"驱毂振缨"。

宫廷宴会篇　第65课

shì lù chǐ fù　　chē jià féi qīng
世禄侈富，车驾肥轻。

○ **句子释义**

有突出贡献的大臣，他们的子孙后代世世享有朝廷派发的俸禄，生活奢侈富贵，乘着宝马香车出行。

○○ **词语释义**

世：世世代代。

禄：俸禄。

侈富：奢侈富有。

车驾：驾驶马车。

肥：指马匹膘肥体壮。

轻：指驾车人身上穿的衣服轻便保暖。

大美千字 >

祖上蒙荫

"世禄侈富"其实就是祖上蒙荫，意思是如果你家祖上做了什么突出贡献，那么皇帝就会赏赐整个家族，让你们家世世代代都享有朝廷的俸禄。而俸禄就是朝廷派发给官员的工资，也就是钱财。

除了有钱拿之外，你们家还能享受非同一般的地位，因为你们是功臣的后代。所以这一句话，其实是在鼓励当朝的官员，要努力为国家做贡献。因为只要你做出巨大贡献，皇帝就会赏赐你的家族，让你们家"世禄侈富，车驾肥轻"。

"车驾肥轻"出自《论语》中的"赤之适齐也，乘肥马，衣轻裘"。意思是：一个叫"赤"的人前往齐国时，乘着肥壮的马拉的车子，穿着轻暖的皮袍。后来，便用"乘肥马，衣轻裘"来形容富贵人家的生活。

宫廷宴会篇　第66课

cè gōng mào shí　　lè bēi kè míng

策功茂实，勒碑刻铭。

○ 句子释义

　　臣子建立了卓越的功勋，就把他的功劳事迹刻在石碑或者青铜器上供后人敬仰。

○○ 词语释义

　　策：计策、计谋。

　　功：军功。

　　茂实：指臣子功绩卓越。

　　勒碑：在石碑上雕刻文字。

　　刻铭：在青铜器皿上雕刻文字。

大美千字 >

燕然勒石

东汉时期，窦宪因触怒太后，为赎死罪主动请求出击匈奴。第二年，他率领汉军及南匈奴、东胡乌桓、西戎氐羌的联军与北单于在稽落山（今蒙古境内汗呼赫山脉）作战，大破敌军。

当时敌众溃散，北单于逃走不知去向。窦宪整军追击，追赶北匈奴各部到达和渠北醍海，杀死一万三千多人，俘虏不计其数，出塞三千多里。追击距离之远创下了自汉朝出兵匈奴以来的最高纪录。

随后，窦宪等人登上燕然山（今蒙古境内杭爱山），命中护军班固在燕然山上刻石记功。于是，班固便在燕然山的石头上刻下了窦宪大破北匈奴之功，作《封燕然山铭》，史称燕然勒石。

后来，在中国古代的诗词中，"燕然勒石"作为典故经常出现。比如，北宋诗人范仲淹的《渔家傲·秋思》：

塞下秋来风景异，衡阳雁去无留意。四面边声连角起。千嶂里，长烟落日孤城闭。　　浊酒一杯家万里，燕然未勒归无计。羌管悠悠霜满地。人不寐，将军白发征夫泪。

杰出人物篇　第 67 课

pán xī　yī yǐn　　 zuǒ shí　ē héng
磻溪伊尹，佐时阿衡。

。句子释义

姜子牙辅佐文王和武王，匡扶时代。伊尹辅佐商汤，为商朝建立做出不朽的功勋。

。。词语释义

磻溪：指姜太公姜子牙的典故。姜子牙被文王发现启用
　　　之前，一直在磻溪隐居垂钓。

伊尹：商朝名臣，曾辅助商汤打败夏桀，使太甲由昏君
　　　转变为明君，为商朝的富强兴盛立下汗马功劳。

佐时：辅佐文王和武王，匡扶时代。

阿衡：职官名。为古代执政的大官。商汤时，由大臣伊
　　　尹掌权，商人遂以阿衡代指伊尹。

.。知识加油库

伊尹放逐太甲

太甲是商汤的嫡长孙，商朝第四位君主。在位的前三

年，太甲帝不思朝政，一味昏乱暴虐，只图骄奢淫逸，根本不珍惜他的爷爷商汤打拼下来的基业。很快，商朝的社会秩序渐渐失衡，经济也开始衰落，太甲帝的行为也引起臣子们的恐慌和不满。

名相伊尹曾写下好几篇规劝太甲帝怎样做一个好君王的劝诫文章，但都没有效果，太甲帝依旧沉溺于纸醉金迷中，甚至残忍地对待老百姓，弄得老百姓怨声载道。

万般无奈之下，伊尹为了保住商汤辛苦打下的江山，在和满朝文武集体商议之后，决定自己暂摄朝政，然后在朝堂之上，把太甲帝放逐到商汤帝墓地旁的桐宫守灵。

太甲帝被放逐到桐宫后，结识了守商汤墓地的老人。这个老人是商汤王的部属，当年随之南征北战，商汤过世后，便留在墓地，守护商汤。老人得知太甲帝被放逐的原因后，便把商汤创建大商的伟大功绩，以及后来立下的规矩，天天讲给太甲听。太甲听的次数多了，便开始反思自己的所作所为。他慢慢明白，过去自己的确是太不懂事了，有负爷爷在天之灵。后来太甲回心向善，闭门思过。就这样，太甲帝在桐宫里忏悔了三年。

伊尹暗中观察，了解到太甲确实已经悔改之后，便又率领文武百官到桐宫，把太甲帝迎回首都亳（bó）城，并把帝王职权重新交还给他。

杰出人物篇　第68课

yǎn zhái qū fù　　wēi dàn shú yíng
奄宅曲阜，微旦孰营。

○ 句子释义

　　周武王伐纣统一天下后，把周公旦分封到周朝东部，以曲阜为核心建设东部。如果当时没有周公旦，谁又来经营东部呢？

○○ 词语释义

　　奄宅：开发曲阜，建立居住的地方。

　　曲阜：今天的山东地区，是当时周朝东部的一个地方，
　　　　　开发程度很低，非常落后。

　　微：没有。

　　旦：指周公旦。

　　孰：谁。

　　营：经营。

大美千字 >

周公吐哺，天下归心

周公姓姬名旦，是周文王的第四个儿子，同时也是我国古代著名的政治家。

关于周公，有一个成语叫作"握发吐哺"——当时，周公为了招揽人才而操心忙碌。一次洗头时，多次握着尚未梳理的头发，前去接待来访的贤人；也曾在吃饭时，数次吐出口中食物，迫不及待地去接待贤士。

除此之外，周公还无微不至地关怀年幼的成王。有一次，成王病得厉害，周公很焦急，就剪了自己的指甲沉到大河里，对河神祈祷说："今成王还不懂事，有什么错都是我的。如果要死，就让我死吧。"果然，成王很快就病好了。周公摄政七年后，成王已经长大成人，于是周公归政于成王，自己回到大臣的位子。

后来，有人在成王面前进谗言，周公害怕了，就逃到楚地躲避。不久，成王翻阅库府中收藏的文书，发现在自己生病时周公的祷辞，为周公忠心为国的品质所感动，立即派人将周公迎回来。

周公回周以后，仍尽心为王朝操劳。周公辅佐武王、成王，为周王朝的建立和巩固做出了重大贡献。特别是他受冤屈以后，仍忠心耿耿，为周王朝的发展呕心沥血，直至逝世，最终天下大治。

huán gōng kuāng hé　　jì ruò fú qīng
桓公匡合，济弱扶倾。

。句子释义

春秋时期，齐桓公匡正、联合天下诸侯，帮助弱小的国家，扶持将要倾倒的周王室。

。。词语释义

桓公：专指齐桓公。齐桓公是春秋时代的第一个霸主，
　　　　曾提出"尊王攘夷"。

匡合：纠合诸侯，匡定天下。

济弱：帮助弱小的国家。

扶倾："扶大厦之将倾"的缩写。当时周天子的权威摇
　　　　摇欲坠，齐桓公联合诸侯，保住了周天子的地位。

.．知识加油库

管仲拜相

春秋时期齐国国君齐襄公被杀。襄公有两个兄弟，一个

是公子纠，当时在鲁国（都城在今山东曲阜）；一个是公子小白，当时在莒（jǔ）国（都城在今山东莒县）。

两个人身边都有个师傅，公子纠的师傅叫管仲，公子小白的师傅叫鲍叔牙。两位公子听到齐襄公被杀的消息，都急着要回齐国争夺君位。

在公子小白回齐国的路上，管仲早就派好人马拦截他。管仲拉开弓箭，对准小白射去。只见小白大叫一声，倒在车里。管仲以为小白死了，便不慌不忙地护送公子纠回到齐国去。

谁知公子小白是在诈死，等到公子纠和管仲进入齐国国境，小白和鲍叔牙早已抄小道抢先回到了国都临淄，最终，小白当上了齐国国君，即齐桓公。

齐桓公即位以后，马上发令要杀公子纠，并把管仲押回齐国治罪。管仲被关在囚车里送到齐国。但鲍叔牙却立即向齐桓公推荐管仲。

齐桓公听后气愤地说："管仲拿箭射我，要我的命，我还能用他吗？"鲍叔牙说："那时他是公子纠的师傅，他用箭射您，正是出于他对公子纠的忠心。论本领，他比我强得多。主公如果要干一番大事业，管仲可是个用得着的人。"

齐桓公也是个豁达大度的人，在听了鲍叔牙的劝告后，不但没有治管仲的罪，还立刻任命他为相，让他管理国政。就这样，管仲帮着齐桓公整顿内政，大开铁矿，发展农业，后来齐国越来越富强，进而成为春秋时代第一个霸主国家。

杰出人物篇　第70课

qǐ huí hàn huì　yuè gǎn wǔ dīng

绮回汉惠，说感武丁。

。句子释义

　　汉惠帝刘盈在绮里季的帮助下，挽回了自己的太子之位。商王武丁通过做梦感应到傅说的位置，从而获得了一代贤臣。

。。词语释义

　　绮：绮里季，商山四皓之一。

　　回：挽回。

　　汉惠：指汉惠帝刘盈，汉高祖刘邦的儿子。

　　说：通"悦"，商朝名臣傅说。

　　感：感应。

　　武丁：商朝的帝王。

·· 知识加油库

绮回汉惠

　　刘邦建立汉朝以后，立了吕后生的儿子刘盈为太子。刘盈生性懦弱，刘邦觉得这个儿子一点都不像自己，于是就想废了他，改立戚夫人生的儿子如意为太子。

这时候刘盈的母亲吕后着急了，有人向吕后建议说找张良出主意。于是，吕后就派人找到正在云游四海的张良，并对他说："您作为陛下的宠臣。现在陛下想要另立太子，你怎么还能高枕而卧呢？"张良本不想参与此事，无奈吕后一定要他出个主意，于是张良只好建议吕后去找"商山四皓"帮忙。

商山四皓其实就是四位老人：绮里季、东园公、夏黄公和用里先生。秦朝末期，天下大乱，这四个德高望重的老先生，为避乱世隐居在商山，人称"商山四皓"。这里的"皓"是指皓首白头，也就是眉毛胡子都白了的意思。楚汉相争的时候，刘邦曾想请他们出来辅佐自己打天下，但无奈四个人都不愿意。

眼看刘邦换掉太子的心思越来越重，吕后赶紧用厚礼请出了商山四皓。在一次宴会上，已经有八十高龄的"四皓"陪同着太子刘盈入席。这使刘邦感到很惊讶，觉得太子已经成熟了，重立太子恐怕会导致政局混乱，于是便打消了另立太子的念头。

刘邦死后，刘盈顺利继位，即汉惠帝。以绮里季为首的商山四皓帮助汉惠帝保住太子之位的故事，被人们称为"绮回汉惠"。

杰出人物篇　第71课

jùn yì mì wù　　duō shì shí níng
俊乂密勿，多士寔宁。

○ **句子释义**

　　正是由于以上那么多才俊之士的努力，国家才得以富强安宁。

○○ **词语释义**

　　俊乂：指才俊之士。

　　密勿：勤勉努力。

　　多士：辅佐君王的众多人才。

　　寔：实在。

　　宁：安宁。

《千字文》里杰出人物的共同特点

从第 67 课的"磻溪伊尹，佐时阿衡"，到这一课的"俊乂密勿，多士寔宁"，一直都是在描写我国古代非常具有代表性的杰出人物。

他们的事迹对我们今天仍有不少启示，我们可以结合这些历史故事，更好地理解传承至今的中华文化，也可以将这些典故运用到我们今天的写作中。

仔细观察周兴嗣挑选出的这些历史人物，你会发现，他们都有一个共同的特点，那就是都能很好地辅佐君主成就伟业，并在一个朝代的进程中，扮演中流砥柱的角色。而周兴嗣把这些人物罗列出来，其实就是从帝王的角度出发，鼓励当朝官员要向这些历史上赫赫有名的贤臣学习，效仿他们尽心辅助君王。

杰出人物篇　第72课

jìn chǔ gēng bà　　zhào wèi kùn héng
晋楚更霸，赵魏困横。

○ 句子释义

　　晋国和楚国交替称霸，韩、赵、魏、楚、燕、齐受困于秦国连横的策略。

○○ 词语释义

　　晋：晋国。

　　楚：楚国。

　　更：更替、交替。

　　霸：称霸。

　　赵魏：不单指赵国和魏国，实际上指战国七雄中除了
　　　　　秦国以外的另外六个国家：韩、赵、魏、楚、
　　　　　燕、齐。

　　困：困扰于。

　　横：指张仪提出的连横策略。

两个超级大国的争霸战争

春秋时代有五个国家先后称霸，分别是齐国、宋国、晋国、楚国和秦国。在这五个国家当中，地理面积最大，也是实力最强的两个国家，就是晋国和楚国。晋国在北方，地理区域包含今天的山西省、河南省北部、河北省南部，以及内蒙古部分地区。楚国在南方，地理区域包括今天的湖北省、湖南省，以及安徽省、江西省、江苏省、浙江省的部分地区。

晋国和楚国，一北一南，为了争夺霸权，展开了长达一百多年的争霸战争，双方互有胜负。春秋时代许多著名的战役都是在晋楚两国之间展开的，比如城濮之战、邲之战、鄢陵之战，等等。晋楚两国都是春秋时代的超级大国，一开始的时候谁也没办法直接压倒对手，不过后来胜利的天平慢慢偏向晋国，最终晋国在争霸战争中取得了明显的优势。所以《千字文》里所说的"晋楚更霸"，意思是晋国更替、取代了楚国的霸主地位。

jiǎ   tú   miè guó　　jiàn tǔ   huì méng
假途灭虢，践土会盟。

○ **句 子 释 义**

晋国向虞国借路去消灭虢国，晋文公在践土召集诸侯召开大会，会上他被尊奉为新一代的霸主。

○○ **词 语 释 义**

假：借。

途：道路。

灭：消灭。

虢：虢国。

践土：古代地名，在今河南原阳西南。

会盟：集会结盟。

大美千字 >

假途灭虢的故事

春秋时代，晋国有一位君主叫作晋献公。在晋献公的时候，晋国的旁边有两个小国家，一个叫虞国，一个叫虢国。晋献公一直想要吞并这两个国家。虞国和虢国这两个国家都不算强大，但是如果团结起来一致对外，晋国也没有办法一下子就战胜它们。

怎么办呢？晋献公的属下就给他出了个主意。他说，这两个国家合起来不好对付，但是如果分开进攻，就很容易各个击破。虞国的国君是一个非常贪财的人，我们可以送给他一些珍贵的礼物，先把他哄开心，然后从虞国借一条道路，我们的军队从这条路过去攻打虢国，就一定能打败虢国。等打败了虢国，我们再顺道回来攻打虞国。

晋献公一听，觉得这个主意非常棒，于是，他准备了很多名贵的马匹和宝石，派遣使者送给虞国的国君，并且向虞国国君提出了借道攻打虢国的请求。

这件事在虞国引起了轩然大波，虞国有一位大臣，名字叫作宫之奇，他立刻向虞国国君提出了自己的看法。他说，我们虞国和虢国，就像牙齿和嘴唇的关系。如果牙齿失去了嘴唇的保护，就一定会感到非常冷，这就叫作"唇亡齿寒"。晋国现在的做法，摆明就是要先灭虢国，再灭我们虞国。所以，这件事绝对不可以答应。

可惜的是，尽管宫之奇分析得头头是道，可是虞国国君看到那么多的名马和宝石，已经被冲昏了头脑，最终还是答应了晋献公借道的请求。宫之奇见国君执迷不悟，赶紧把全家都搬出了虞国，并且痛心地说：就在今年，虞国一定会灭亡呀！

结果，宫之奇的预言变成了现实，晋献公的军队果然在消灭了虢国之后，转头就灭掉了虞国。这就是《千字文》里所说的"假途灭虢"。

晋文公的故事

晋文公是晋献公的儿子。晋文公成长的经历非常曲折，在他年幼的时候，他曾经因为不受到父亲的重视和喜爱，被迫流亡国外整整十九年。在流亡的过程中，他经历了许许多多的艰难险阻，曾经多次遇到危险，差点丢掉性命，也曾经因为长年坎坷的经历而失去斗志。好在他的身边有一群忠心耿耿的臣子，帮助他渡过难关，鼓励他不要失去雄心壮志。

晋文公在流亡楚国的时候，楚成王对他很好，经常用好酒好肉来招待他。有一次宴会的时候，楚成王开玩笑地对他说："如果有一天你回到晋国成为国君，你会用什么来报答我呢？"晋文公很认真地回答说："如果我以后能够成为晋国的君主，那么假如晋国和楚国开战的话，我会命令我的军队后退九十里地，作为对您今天盛情款待的报答。"楚成王听了这番话不但没有生气，反而觉得晋文公是个志向远大的人。一舍，就是三十里地，三舍，就是九十里地。"退避三舍"后来用来表达一个人主动地避让另一个人的意思。

一直到晋文公六十岁的时候，他才得到一个机会，由秦穆公派人护送回国，继承了晋国的君主之位。虽然晋文公登上晋国君主宝座的时候年纪已经很大了，但是他并没有因此而懈怠。在登上君主之位后，晋文公发愤图强，建设国家，只用了几年的时间，就把晋国建设成为一个超级大国。后来，晋国和楚国发生了一场大战，叫作城濮之战。在城濮之战当中，晋文公兑现了当年他对楚成王的诺言，命令军队后撤九十里，但最终还是战胜了楚国的军队。这就是历史上非常有名的"退避三舍"的故事。

打败了楚国之后，晋国一跃成为当时的霸主国家。晋文公在一个叫作"践土"的地方召开了一次大会，邀请当时主要国家的君主参加，这次会议确立了晋文公继齐桓公之后第二位霸主的地位，历史上被称为"践土会盟"。

杰出人物篇　第74课

hé zūn yuē fǎ　　hán bì fán xíng
何遵约法，韩弊烦刑。

○ 句子释义

萧何遵循简约的原则制定汉律九章，韩非子死于自己制定的繁琐刑法。

○○ 词语释义

何：萧何。　　遵：遵守。

约：简约。　　法：法律。

韩：韩非。　　弊：通假字，通"毙"，意为死于某事。

烦：繁琐的。　　刑：刑法。

•• 知 识 加 油 库

"约法三章"的故事

秦朝末年，天下大乱，许多百姓揭竿而起，反抗秦朝的统治。这些起义军的领袖相互约定，谁能够率先攻破秦王朝的首都咸阳，大家就共同尊奉他为新一代的帝王。在这些起义军之中，实力最强的是项羽带领的队伍，所以秦朝的主力部队和最重要的将领集结起来一起对付项羽，双方的战斗进行得异常胶着。就在同一时间，刘邦带领的队伍从另外一条道路直奔咸阳。尽管刘邦的实力并不强大，但是由于秦朝的主力部队大多数集结去和项羽作战了，所以刘邦很轻松地就攻占了咸阳。如果按照大家之前的约定，先攻占咸阳的刘邦应该被奉为新一代的帝王，所以刘邦这个时候有点得意洋洋。可是刘邦手下的几位重要的谋臣却把这件事情看得很清楚，他们劝告刘邦，最终能不能做帝王，其实并不取决于之前的约定，而取决于各自的实力。刘邦虽然先入咸阳，可是实力弱小，在当时根本不是项羽的对手，如果项羽战胜秦军主力，那么一定会对刘邦发动猛烈的进攻。刘邦一听，吓出一身冷汗来。他赶紧从咸阳城里撤退出来，驻扎在郊外的军营里，并且和老百姓约定了非常简单的三条法律，那就是：杀人要判死刑，打伤别人要判刑，偷盗东西也要受到惩罚。这就是所谓的约法三章。刘邦撤出咸阳，以及和百姓约法三章这两件事，其实都是在向项羽表明，自己没有称帝的野心，一切都在等待项羽来主持大局。后来，在项羽战胜秦军主力之后，刘邦果然因此躲过了一劫。再后来，刘邦慢慢积累实力，韬光养晦，最终在争霸战争中战胜了项羽，开创了汉朝。

杰出人物篇　第75课

qǐ jiǎn pō mù　　yòng jūn zuì jīng
起翦颇牧，用军最精。

○ **句子释义**

　　战国时期的四大军神：白起、王翦、廉颇、李牧，行军打仗最厉害。

○○ **词语释义**

　　起：白起。

　　翦：王翦。

　　颇：廉颇。

　　牧：李牧。

　　用军：带兵打仗。

　　精：精当、恰当。

战国四大名将

"起 | 翦 | 颇 | 牧"这句话的四个字之所以全部都要读断，是因为这里的每个字都代表着一位历史人物，分别是白起、王翦、廉颇、李牧。这四位历史人物都是战国晚期杰出的军事将领，被合称为战国四大名将。这四位历史人物中，白起和王翦来自秦国，廉颇和李牧来自赵国。下面我们分别来了解一下他们的故事。

在白起的时代，秦国的爵位从高到低分为二十个等级，白起最早是第十级，叫作左庶长。白起打仗很厉害，第二年就升到了第十二级，叫作左更。就是在这一年，白起率领秦军在洛阳龙门大破韩魏联军，斩杀对手二十四万人，史称伊阙之战。伊阙之战是白起的成名之战，它扫平了秦国东进中原的障碍，于是白起被提拔为第十六级大良造。紧接着，白起率军攻打魏国，一口气占领了六十一座城池，又占领了韩国最重要的军事要塞光狼城，取得了秦国对魏国和韩国绝对的优势地位。此后白起又率军南下攻打楚国，攻克了楚国的首都郢（yǐng）城。至此，白起被秦王封为武安君，也就达到了最高的爵位——列侯。

白起一生最重要的战功，是决定历史走向的长平之战。长平之战是秦国和赵国这两大军事强国，为了争夺军事重镇上党地区而展开的一场重大战役，双方都投入了几十万人参战，一直打了五个多月，可以说是人类古典时代里的超级战争。最终，白起率领的秦军几乎全部歼灭了赵国军队，取得了决定性的胜利。可以说，白起是一位攻无不克的常胜将军。

王翦生活的时代比白起稍微晚一点。王翦的战功是他率军消灭了赵国和楚国，他的儿子王贲则消灭了魏国，为秦始皇统一中国，在军事上扫除了障碍。和白起一样，王翦也是一位没有打过败仗的常胜将军。

接下来我们来说说赵国的两位名将。廉颇是一位非常善于防守的军事将领，他和白起生活在同一个时代。我们刚才讲到了长平之战，其实在长平之战之前，秦国的军事力量已经比赵国强大，但是赵国这一方，因为有廉颇驻守上党，防守严密，所以强大的秦军总是没有办法击败赵军，双方对峙了三年也没能分出胜负。后来，秦国方面认为，要战胜赵国，必须要去除掉廉颇这个强劲的对手，于是采用了反间计，故意派人去跟赵王说，秦国人根本不怕廉颇，如果赵国派另一位叫作赵括的将领出马，秦军肯定不是对手。赵王求胜心切，果然把防守上党的将领从廉颇换成了赵括。而赵括实际上是一个只会读书不会打仗的人，有个成语叫作"纸上谈兵"，说的就是赵括。结果，廉颇苦心经营了很多年的防线最终被秦军击破，这也导致了长平之战中赵国的失败。如果当时赵国没有换掉廉颇，长平之战的结局也许就会改写。

最后我们来说说李牧。李牧最早是一位驻守边疆的戍边将领，他带领军队驻扎在赵国和匈奴交界的地方，抵御匈奴人的入侵。有一次，李牧采用诱敌深入的战术，打败匈奴军队，斩杀对手十多万人，吓得匈奴人十几年都不敢再来侵犯赵国。由于李牧戍边有功，赵王把他从边境调回到首都，让他统帅国家主力部队。李牧生活的时代比廉颇稍微晚一点，李牧担任赵国最高军事将领的时候，赵国已经在长平之战中战败了。和秦国相比，此时的赵国元气大伤，就在这样的情况下，李牧率军对秦国展开了反攻，取得了肥之战的胜利。李牧领导的肥之战是战国晚期、秦始皇统一中国之前，强大的秦国少有的一次重大军事失败。由此可见，李牧的军事能力实在是非同凡响。

杰出人物篇　第 76 课

xuān wēi shā mò　　chí yù dān qīng
宣威沙漠，驰誉丹青。

◦ 句子释义

　　这些中国古代的杰出将领，他们的名声威望远播沙漠，他们的肖像被画师用丹青妙笔画下来，永垂青史。

◦◦ 词语释义

　　宣：宣扬。

　　威：威名。

　　驰：传播、传扬。

　　誉：荣誉、名声。

　　丹青：丹砂和青䐿，古人绘画时所常用的两种矿物颜
　　　　　料，代指绘画。

麒麟阁

麒麟阁坐落在未央宫中，因汉武帝元狩年间打猎获得麒麟而命名。麒麟阁十一功臣，是中国西汉王朝时期霍光等十一位名臣的总称，后世简称麒麟阁。

当年，西汉中兴之主汉宣帝刘询因匈奴归降大汉，回忆起往昔辅佐有功的大臣。于是，便让人把这十一名功臣画下来，并将他们的画像挂在麒麟阁中，以示纪念和表彰。

后世往往将这十一功臣和云台二十八将、凌烟阁二十四功臣并提，以他们为人臣荣耀之最。

关于麒麟阁，也有不少诗句流传。比如说，唐代李白就写过一首《塞下曲》：

骏马似风飙，鸣鞭出渭桥。

弯弓辞汉月，插羽破天骄。

阵解星芒尽，营空海雾消。

功成画麟阁，独有霍嫖姚。

jiǔ zhōu yǔ jì　　bǎi jùn qín bìng
九州禹迹，百郡秦并。

○ **句子释义**

　　大禹在九州大陆上留下了治水的足迹，秦始皇一统天下后，把中国划分成了很多个郡，然后又把这些郡整合成了一个国家。

○○ **词语释义**

　　九州：相传上古时期，大禹治水之后，把世界划分成了
　　　　　九个大的区域，合起来就叫作九州。

　　禹：大禹。

　　迹：足迹、痕迹。

　　百：不是具体的数字，而是虚指，意为众多。

　　郡：秦朝把中国分为三十六郡，郡就相当于今天的省。

　　秦：秦始皇。

　　并：兼并、吞并。

中国古代的地理沿革

"九州禹迹，百郡秦并"讲的是中国地理的历史沿革。

其中，"九州禹迹"的历史背景是神话传说中的上古时代。当时，有一本书叫作《禹贡》，里面记载了上古时期的中国地理概貌——相传，大禹在治水之后，把天下划分成了九个大的区域，合起来统称为"九州"。因此，九州实际上是一个上古时期比较宽泛的地理概念。而按照今天学术界公认的观点，"九州"这种说法，很可能只是后人的一种想象和附会，并不是真实存在的。

那么真实的情况是怎样的呢？其实在大禹所处的神话时代，我们"中国"的疆域并不大，毕竟一开始只是一个个散落的小部落群。后来，通过逐步的扩张、发展，才慢慢形成了我们今天幅员辽阔的神州大陆。

"百郡秦并"指的是秦始皇一统天下之后实行的郡县制度。与上古时期非常宽泛的"九州"概念不同，到了秦朝的时候，天下就被划分成了一个个具体的郡。由此可见，从古至今，我国的地理概念和地理划分是越来越清晰的。

从"九州禹迹"到"百郡秦并"，周兴嗣所描绘的，实际上就是一条中国地理概念发展的历史脉络。

中国地理篇　第78课

yuè zōng tài dài　　shàn zhǔ yún tíng
岳宗泰岱，禅主云亭。

○ 句子释义

中国的大山之中以泰山最为尊贵，因为帝王的封禅大典就是在泰山的云亭上举行。

○○ 词语释义

岳：大山。

宗：以……最为尊贵。

泰：泰山。

岱：大山。

禅：封禅大典，祭天仪式。

主：举办、进行。

云亭：云云山和亭亭山的合称，指古代帝王封禅处。

五岳独尊

"岳宗泰岱"讲的是泰山自古以来的尊贵地位。中国的五岳名山分别是：东岳泰山，南岳衡山，西岳华山，北岳恒山，中岳嵩山。

那么为什么泰山被认为是五岳之首呢？要知道泰山的高度在中国的名山之中并不算最高，比如说四川的峨眉山就比泰山要高。之所以独尊泰山，是因为泰山是一座从中原腹地上拔地而起的大山，所以它的地位就显得特别尊贵。

泰山上有个地方叫作云亭，就是"禅主云亭"里的云亭。这个云亭有什么特别之处呢？原来，许多古代的杰出帝王都曾在云亭举行过封禅大典，比如说秦始皇、汉武帝，等等。

从上一课的"九州禹迹，百郡秦并"到这一课的"岳宗泰岱，禅主云亭"，他们之间的逻辑关系是非常严密的。一开始我们的国家只是一个模糊零散的"九州"概念，那么为什么可以发展成后来紧密团结的"百郡秦并"呢？

原因就是出现了一个强有力的政治核心——从秦始皇统一天下开始，中国才成为一个高度中央集权的国家，才能够把那么大的版图凝聚在一起。泰山上举行的封禅大典，其实就是一种君权神授的象征。皇帝通过封禅仪式，确认自己的天子地位，然后名正言顺地统治天下。

中国地理篇　第79课

yàn mén zǐ sài　　jī tián chì chéng
雁门紫塞，鸡田赤城。

○ **句子释义**

名关有北疆雁门，要塞有万里长城，驿站有边地鸡田，
奇山有天台赤城。

○○ **词语释义**

雁门：雁门关，在今山西忻州市代县。

紫塞：指万里长城。

鸡田：地名，指中国最西北的古驿站。

赤城：山名，浙江天台山奇峰之一。

雁门关

雁门关，位于山西省忻州市代县县城以北的雁门山中，是长城上的重要关隘。雁门关以"险"著称，被誉为"中华第一关"，自古就有"天下九塞，雁门为首"的美誉。

汉朝名将卫青、霍去病、李广等都曾驰骋在雁门古塞内外，多次大败匈奴，立下汗马功劳。汉元帝时，王昭君就是从雁门关出塞和亲的。

雁门关之称，自唐初始。因北方突厥屡屡内犯，于是唐军在雁门山制高点铁裹门设置关城进行防守。《唐书·地理志》描述这里"东西山岩峭拔，中有路，盘旋崎岖，绝顶置关，谓立西陉关，亦曰雁门关"。

北宋初期，雁门关一带常有宋辽之战。我们熟知的杨家将的故事就是发生在这里。

紫塞

紫塞是指长城。当年秦始皇修筑万里长城，西起临洮，东至鸭绿江，土色皆紫，故称"紫塞"。崔豹《古今注》中有："秦所筑长城土色皆紫，汉亦然，故云紫塞也。"

长城，是我国古代第一军事防御工程，用来抵御外敌入侵。长城并不是一道单纯孤立的城墙，而是以城墙为主体，结合大量城、障、亭、标的连绵不断的防御体系。

鸡田

鸡田，是古代西北的塞外地名，那里有着我国最著名的古驿站。古代通讯不发达，中央颁布的政令、地方上报给中央的文书，都要靠人马一站一站地传送。而驿站，就是传递文书的信使中途换马和休息的地方。中国最偏远、最古老的驿站就在西北的鸡田。据考证，古代的鸡田驿大概位于今天的宁夏自治区鸡田县。

赤城

赤城，是著名的浙江天台山奇峰之一。传说是蚩尤居住的地方。之所以叫赤城，是因为这座山上的泥土都是红色的，而且山的外形很像一座城堡。

每当旭日东升或者夕阳西下，赤城山便被一片霞光笼罩，云雾缭绕山腰，光彩夺目。元代诗人曹文晦将之形容为："赤城霞起建高标，万丈红光映碧寥。美人不卷锦秀段，仙翁泻下丹砂瓢。"故有"赤城栖霞"之称。

《千字文》精彩的妙笔（一）

雁门、紫塞、鸡田、赤城这四个看起来简单的地名组合起来，首先在地理上描述了古代中国最北至西北的疆域界限，然后一笔宕开，从西北角跳跃数千里，一跃跳到东南角，相当于在古代中国的版图上划了一条长长的对角线，在地理视觉上非常开阔。

此外，这四个地名的选择非常考究。门和塞，突出了国家门户的险峻峭拔。紫和赤，也就是紫色和火红色，是两种非常强烈的浓烈色彩，暗含着中国地理斑斓绚烂的视觉感受。雁和鸡是两种动物，大雁展翅高飞，鸡鸭傍地而走，既有极目远眺的开阔，又有热气腾腾的生活气息。

当我们反复体味雁门、紫塞、鸡田、赤城这四个地名组合的时候，真是越读越妙，妙味无穷。

中国地理篇　第80课

kūn chí jié shí　　jù yě dòng tíng
昆池碣石，钜野洞庭。

○ **句子释义**

赏池赴昆明滇池，观海临河北碣石，看泽去山东巨野，望湖到湖南洞庭。

○○ **词语释义**

昆池：云南昆明的滇池。

碣石：河北省的碣石山。

钜野：指山东省的巨野泽。

洞庭：洞庭湖。

昆明湖

"昆池"就是指云南昆明的滇池，滇池古称滇南泽、昆明湖。因为滇池的地理形态是湖泊较大，而水流出的下游地方却又窄又浅，给人的感觉是湖水看起来像是在倒流，所以被称为"滇（颠）池"。滇池的外形像一弯新月，湖面的海拔高度为 1886 米，是难得一见的高原之湖。

碣石山

"碣石"指的是河北的碣石山，这里自古以来就是观海胜地。碣石山的主峰叫作仙台顶，上面有一座名刹叫作水岩寺。主峰的峭壁上至今仍然留有古人所刻的"碣石"二字。

当年秦始皇曾在此入海求仙，汉武帝也曾"行自泰山，复东巡海上，至碣石"。三国时期的曹操也在回军的路上东临碣石，写下千古名篇《观沧海》，诗曰："东临碣石，以观沧海"。

巨野泽

巨野泽，是山东巨野县境内的著名古水泽，曾经水草丰茂，鱼产众多。山东是古代的齐鲁之地，那时有很多这样的水泽、沼泽之地，像雷泽、荷泽、巨野水泽都在山东境内。

洞庭湖

"洞庭"就是指洞庭湖。洞庭湖古称云梦泽，是我国的第二大淡水湖，号称"八百里洞庭"。湖中有座岛名为洞庭山，因舜帝的两位妃子曾在此泣血染竹，故又名君山。

范仲淹在《岳阳楼记》中描述其为："衔远山，吞长江，浩浩汤汤，横无际崖，朝晖夕阴，气象万千。"

与古代相比，今天的洞庭湖面积虽然缩小了很多，但仍是全国第二大湖，故有"洞庭天下水，岳阳天下楼"之说。

《千字文》精彩的妙笔（二）

上一课的内容"鸡田赤城"，从中国的西北角跳跃到了东南角，接着从昆池这里又跳跃到了西南角，再接着又跳跃到了东北角的碣石山。鸡田、赤城、昆池、碣石，这四个地名，实际上在中国的版图上画出了两条从西北到东南、从西南到东北的交叉对角线。

这两条对角线有多长呢？每一条对角线的直线距离都超过两千公里！

巨野泽和洞庭湖，都是中国内陆腹地的著名湖泊，一个靠近黄河流域，一个位于长江流域，这两个地名一北一南，呈现出一种南北走向的地理感官。而前面讲到的"雁门紫塞"，讲的是雁门关和北方长城。长城在地理上是一座横向的绵长建筑，呈现出一种东西走向的地理观念。所以"雁门紫塞"和"巨野洞庭"这四个名称合在一起，又构成了一种东西走向和南北走向纵横交错的地理印象。

我们看，"雁门紫塞，鸡田赤城。昆池碣石，巨野洞庭"这四句话连在一起，从地理观念上，在中国的版图上画出了四条线，分别是一条横线、两条对角线和一条竖线。作者周兴嗣用这样八个名称的有序排列，不露声色地描写出了中国地理面积之巨大，实在是举重若轻的高超写作技法！

这八个地名不仅在位置的选择上非常考究，而且在文字上也非常富有美感和寓意。这些地名中有斑斓的色彩，有生机勃勃的动物，有边塞关卡，有偏僻驿站，有临海的高山，有内陆的湖泊，真是多姿多态，精彩纷呈。

中国地理篇　第81课

kuàng yuǎn mián miǎo　　yán xiù yǎo míng
旷远绵邈，岩岫杳冥。

。句子释义

中国大地上平原辽阔，山脉绵延起伏，山峰秀丽挺拔，山中人迹罕至、神秘幽深。

。。词语释义

旷远：指平原的辽阔。

绵邈：指山峰的起伏。

岩：指山。

岫：秀丽。

杳：没有人烟，人迹罕至。

冥：神秘幽深。

..知识加油库

中国地理的总结

《千字文》描写的中国地理面貌，到"旷远绵邈，岩

大美千字 >

岫杳冥"就告一段落了，这句话为前面八句内容做了一个精彩的总结。

在前面八个句子中，"九州禹迹，百郡秦并"讲中国地理的历史沿革。"岳宗泰岱，禅主云亭"讲中原腹地拔地而起的高山，同时它也是古代中国政权的象征和文化象征。接下来的四句"雁门紫塞，鸡田赤城。昆池碣石，钜野洞庭"看起来只是八个方位名称组合在一起，但实际上写得极为精彩。这八个地名分别对应着古代中国的东北、北方、西北、东南、西南、东方、中原和南方八个方位，地理想象极其开阔。同时，所写到的地方有山有水，文字色彩梦幻斑斓，真是大手笔。

"旷远绵邈，岩岫杳冥"这两个句子里，"旷远"指的是辽阔的大平原，"绵邈"则是用来形容峰峦起伏。两者合在一起，就是说——我们既有大平原，又有绵延起伏数百里、甚至上千里的大山脉。这跟我们今天中国的地理地貌也是吻合一致的。后半句的"岩岫杳冥"则具体描写了山峰的形态和山林内部的景致。

"岩岫"就是说我们的山脉不仅广大，而且里面的山峰还特别的秀丽。另外，这些高山深林里还有很多人迹罕至、神秘幽深的地方，这就是所谓的"杳冥"。比如说，我们的峨眉山、青城山、神农架，等等，都有这样不为人知的一面。

总的来看，"旷远绵邈"讲的就是辽阔、雄伟，"岩岫杳冥"讲的是幽深、秀丽。当这两种迥然不同的风格融合在一起时，就形成了我们中华大地上一道道壮美的风景线。

农耕篇　第82课

zhì běn yú nóng　　wù zī jià sè
治本于农，务兹稼穑。

。句子释义

　　治国的根本在于农业，要专心致志地把种庄稼这件事情做好。

○○词语释义

　　治本：从事最根本的事情。

　　务：致力于，做什么事。

　　兹：这个。

　　稼穑：春耕为稼，秋收为穑，泛指农业生产。

大美千字 >

皇帝做表率的农耕典礼

中国自古以来就是一个农业生产大国。不同于北方地区的游牧民族逐草而居，也不同于地中海地区的许多民族依靠航海来换取生活必需品。中国古人自来就以粮食生产作为自己最基本的生活来源，这也就是《千字文》中所说到的"治本于农，务兹稼穑"。

在古代，农耕是一件需要皇帝和全体官员一起来鼓励推行的国家大事。《礼记·月令》记载："是月也，天子乃以元日祈谷于上帝。乃择元辰，天子亲载耒耜，措之于参保介之御间。帅三公九卿诸侯大夫躬耕帝籍。天子三推，三公五推，卿诸侯九推。"这段话大致的意思是：在每年春天的第一个月，皇帝要带领着文武百官一起，带着农具到地里去耕田。皇帝要扶着农具推三下，三公推五下，九卿诸侯推九下，为全天下的老百姓做表率。

今天的北京还有一个明代流传下来的古迹，叫作"先农坛"。每年到了开春的时候，明清两代的皇帝就会亲自带领着文武百官来到这里，举行"籍田礼"，祭祀农神，祈求农神保佑举国上下的农耕事业一切顺利。

农耕篇　第83课

chù zǎi nán mǔ　　wǒ yì shǔ jì
俶载南亩，我艺黍稷。

。句子释义

从南面向阳的土地上开始了一年的农耕事业，我种下了各种各样的庄稼作物。

。。词语释义

俶：开始。

载：事业。

南亩：南面向阳的土地。

艺：种植。

黍稷：黍和稷，泛指五谷，即所有种植出来的庄稼。

大美千字 >

五谷是哪五种作物？

我们平时常说"五谷杂粮"。五谷，是中国传统农业中最常见的五种作物，也是中国人餐桌上最重要的五种主食，它们分别是什么呢？在中国历史上，关于五谷是指哪五种作物自来有不同的说法，其中最常见的一种说法是：稻、黍、稷、麦、菽。

稻，是水稻，也就是我们平时吃的大米。水稻主要种植在长江流域和长江以南的地区，是中国南方最主要的主食。

黍，是黄米，也叫黄粱。黍和今天北方地区常见的小米比较类似，但有所不同。黍的米粒比小米大，也更富有黏性，经常被用来做黄米糕。

稷，自古有谷子、高粱、不黏的黍三种说法，一般是指高粱。高粱是一种非常抗旱的粮食作物，所以从古代开始已经在中国得到了普遍种植。高粱除了用作粮食之外，还是非常重要的酿酒原料。

麦，是指小麦。麦有大麦和小麦，作为主要粮食作物的麦是小麦，也就是我们日常食用的面粉的来源。在中国北方地区，小麦面粉是最主要的主食来源，人们用它做馒头、饼、面条、包子，等等。

菽，是豆类的总称。豆类是古人食品中主要的蛋白质来源，直到今天仍然被广泛食用。

农耕篇　第84课

shuì shú gòng xīn　　quàn shǎng chù zhì
税熟贡新，劝赏黜陟。

。句子释义

　　庄稼熟了，就把它们作为税贡上交给国家，国家劝勉老百姓多种粮食，一个地方如果粮食种得好，那么地方官员就会获得奖赏或者升迁，如果种得不好，那么地方官员就要接受处罚或者降级。

○○词语释义

　　税：指古代老百姓把所种粮食的一部分上交给国家。

　　贡：把好的东西敬献给君王或者上级。

　　黜：官员降级或者罢免。

　　陟：官员晋升。

大美千字 >

中国古代的税收

古代中国是一个行政体系非常发达的文明国家，早在两千多年前的春秋时期就已经建立起了初步的国家税收制度。

春秋时期的鲁国率先提出了"初税亩"的税收方案，就是老百姓耕种的田地，不论公田还是私田，国家一律收取十分之一的收成作为税收。

秦朝是税收非常重的一个朝代，据记载，当时老百姓收成的三分之二都要上缴给国家。

到汉代初期，为了休养生息恢复生产，税收一度降到了收成的十五分之一，即"十五税一"。正是从汉代开始，中国形成了比较完善的税收制度。

再到后来，国家征税的方式发生了一些改变，老百姓除了缴纳所种的粮食之外，还要服力役和兵役。所谓力役，就是参与国家组织的公共建设，比如说，修运河、修水坝，等等。兵役就是指参军为国家作战。

税收是国家财政的主要来源，它保障了国家能够有足够的资金建设非盈利的公共事业。在今天，我们的学校、医院、公共交通、能源、信息……几乎所有和我们日常生活相关的行业都包含着纳税人的辛勤劳动。只不过，在今天我们不再用粮食交税了，取而代之的是更加简便的货币。

修身持家篇　第85课

mèng kē dūn sù　　shǐ yú bǐng zhí

孟轲敦素，史鱼秉直。

句子释义

要像孟轲一样敦厚素雅，要像史鱼一样为人正直。

词语释义

孟轲：战国时期思想家孟子。

敦：敦厚。

素：朴素、质朴。

史鱼：春秋时期卫国大夫。

秉直：持心正直。

知识加油库

史鱼尸谏

史鱼是春秋时期卫国的大夫，以忠诚为国闻名于世。

当时，卫国有一位德才兼备的贤人叫作蘧（qú）伯玉，史鱼多次向卫灵公推荐他，可是卫灵公就是没有重用他。还有一个叫作弥子瑕（xiá）的人，这个人品行不端正，但是卫灵公却偏偏重用他，史鱼对此感到非常忧虑。

后来，史鱼生了重病，去世前他把儿子叫到床前，告诉他："我身为卫国的大夫，不能为国家举荐贤良，又不能为国家劝退小人，这是我身为臣子的过失。既然我生前无法正君，死后就不要成礼。我死后，把我的遗体放在窗户下，不要安葬。"

没多久，史鱼果然因病去世了。卫灵公得知消息，来到史鱼家吊唁，看到史鱼的遗体就摆在窗户下，也不安葬，就把史鱼的儿子找来责骂了一番。史鱼的儿子这才把父亲临终前的话转告给了卫灵公。

卫灵公听罢，终于体会到史鱼的一片苦心，于是他提拔了贤人蘧伯玉，又罢黜了弥子瑕，完成了史鱼的遗愿。孔子听说这件事以后，也由衷地称赞道："自古以来有许多直言进谏君王的人，但一般人生前进谏也就尽到自己的责任了。像史鱼这样，去世以后还利用自己的遗体来进谏的，难倒不是一个秉直之人吗？"

修身持家篇　第86课

<ruby>庶<rt>shù</rt></ruby> <ruby>几<rt>jī</rt></ruby> <ruby>中<rt>zhōng</rt></ruby> <ruby>庸<rt>yōng</rt></ruby>， <ruby>劳<rt>láo</rt></ruby> <ruby>谦<rt>qiān</rt></ruby> <ruby>谨<rt>jǐn</rt></ruby> <ruby>敕<rt>chì</rt></ruby> 。

句子释义

人生的境界想要接近中庸之道，就必须要时刻保持勤劳、谦虚、严谨、自我规劝这四种品德。

词语释义

庶几：差不多、接近。

中庸：儒家思想所追求的最高人生境界。

劳：勤劳。

谦：谦虚。

谨：严谨。

敕：自我反省，自我规劝。

中庸之道

"中庸"是中国古代儒家思想所追求的最高人生境界。孔子曾经说过："中庸之为德也，其至矣乎！"（《论语·雍也》）后来孔子的嫡孙子思根据孔子的思想整理编写成了一篇文章，题目就叫作《中庸》。《中庸》也是中国自宋代以来所谓"四书"之一。

所谓"中庸"，比较直接的意思是不偏不倚，无过亦无不及，恰到好处，刚刚好。在我们的日常生活、学习和工作当中，我们免不了要接触各种各样的人，处理各种各样的事。在与人和事接触的过程中，我们很容易因为个人好恶而产生不客观、不公正的偏向性，这个时候，我们的判断就开始失去中庸之道的标准了。比如说，我们喜欢一个人，就凡事站在他这一边，或者至少对这个人有所偏向，用中庸之道来衡量这是不对的，应该不偏不倚，客观公正。

我们在为人处世的时候，如果做得不够好，容易"不及"，反过来说，如果做得过分多，又很容易做过头，这就是所谓的"过犹不及"。做得过头和做得不够一样，都不够好，这个时候我们就需要用中庸之道来匡正自己的行为，让它尽可能地做到刚刚好。

修身持家篇　第87课

líng yīn chá lǐ　　jiàn mào biàn sè
聆音察理，鉴貌辨色。

○ 句子释义

仔细地聆听别人说的话，认真体会他话中的道理，用心地去观察别人的外貌，分辨他的表情传达出什么样的意思。

○○ 词语释义

聆：聆听、仔细地听。

音：这里是指别人所说的话。

鉴：打量、观察。

色：神色、表情。

床头捉刀人

《世说新语》里记载了一个叫作"床头捉刀人"的故事。

曹操有一次要接见一位匈奴来的使者。但是曹操觉得自己身材矮小,外貌长得也不好看。所以他就找了一个叫作崔琰(yǎn)的人过来代替自己。崔琰是当时的名士,长得身材高大,样貌俊美,还有一脸漂亮的大胡子,言谈气质也非常有风度。曹操就让这个崔琰假装成自己去接待匈奴使者,而自己呢,则假扮成随从侍卫,带着刀站在崔琰的身后。

崔琰假扮曹操接待完匈奴使者之后,曹操专门找了一个间谍去问匈奴使者,你觉得魏王曹操这个人怎么样?匈奴使者回答:魏王当然是气质高雅不凡,但是根据我的观察,他坐榻边上的那个带刀侍卫才是真正的英雄。

曹操听说以后,赶紧派人去追杀了匈奴使者。

床头捉刀人这个故事的结局当然是非常残酷的,但是它告诉了我们这样一个道理:一个人真正的气质是藏不住的,哪怕不说话,在有见识的人眼里都可能被一眼看穿。《千字文》中的"聆音察理,鉴貌辨色",讲的就是这种在人生阅历中不断锤炼积累而出的识人之术。

修身持家篇　第88课

yí jué jiā yóu   miǎn qí zhī zhí
贻厥嘉猷，勉其祗植。

句子释义

　　要把一生所积累的好的人生经验都留给子孙后代，勉励他们恭敬地做人，并且建立功名。

词语释义

　　贻：送给、遗留给。

　　厥：他们，这里结合后一句可知是指子孙后代。

　　嘉猷：好的人生经验。

　　祗：恭敬地。

　　植：此处指树立功业。

大美千字 >

《颜氏家训》

中国古人一直以丰富的人生经验为传家宝，这种人生经验的传授，有的时候是采用口耳相传的方式，有的时候则是用文字记录下来。比如说，中国古代有一种叫作"家训"的书籍，就是一个人专门写给子孙后代的书籍。这种"家训"体书籍最早的一部，也是影响最大的一部，是南北朝时期的颜之推写的《颜氏家训》。

在《颜氏家训》中，颜之推结合自己一生的经历、学识和思想，分二十个专题对子孙后代进行真诚地劝勉，其中包含着许许多多闪光的思想，令人受益无穷。后来，颜氏家族在颜之推之后出现了经学大师颜师古，书法巨擘颜真卿，民族英雄颜杲（gǎo）卿，等等。他们都是在《颜氏家训》的教育和感染下成长起来的杰出人物。可见，良好的家训在教育上具有多么重要的意义。

修身持家篇　第89课

xǐng gōng jī jiè　　chǒng zēng kàng jí
省躬讥诫，宠增抗极。

○ **句子释义**

遇到别人讥笑或者是告诫，就要好好反省自己，如果事业太过于一帆风顺很容易到达顶点（就要留心为自己想好后路）。

○○ **词语释义**

省：反省。

躬：自身、自己。

讥：嘲笑。

诫：劝诫。

宠：字面意思可以指君王的恩宠，可以引申理解为一切事业顺利。

抗：通"亢"，高处。

李斯叹黄犬

在中国历史上，曾经有过非常多显赫一时的权臣、重臣，在他们受到帝王宠信，地位到达顶点的时候，往往会变得进退失据，最终落得个身败名裂的下场。这样的人物和事迹非常多，其中以秦朝的李斯为最著名的代表。

李斯原本是楚国上蔡的一个小官吏，为了出人头地，他跟随荀子学习治理天下之术，学成之后去秦国寻找机会。他通过文信侯吕不韦的引荐见到了秦王，秦王非常赏识他的才华和学问，对他进献的主张，也多有采纳。秦王对李斯一路提拔，到秦王统一六国建立秦朝之后，任命了李斯为丞相。

后来，秦始皇去世，李斯陷入了残酷的政治斗争之中，在权臣赵高的主使下，李斯参与了伪造秦始皇遗诏，拥立胡亥即位的宫廷政变。再后来，李斯因为进谏秦二世胡亥停建阿房宫而被捕入狱，又遭到赵高的落井下石，最终被腰斩处死。在临刑前，他悲伤地对他的儿子说："我想和你像以前那样，牵着黄狗从老家上蔡的东门跑出去追兔子，可惜再也不可能了！"

归隐篇　第90课

dài　rǔ　jìn　chǐ　　　lín　gāo　xìng　jí
殆辱近耻，林皋幸即。

○ 句 子 释 义

如果已经判断到耻辱正在迫近自己，那么就要赶紧找个荒野山林之处隐居起来（这样才能够幸运地躲避灾祸）。

○○ 词 语 释 义

殆：迫近、接近。

林：山林。

皋：水边之地。

幸即：幸运地来到。

归隐文化

和出门在外建功立业相对，在中国传统文化中，还有一种非常独特的归隐文化。在上一课中我们讲到，历史上有许多权臣、重臣，都因为恋念权力而陷入政治斗争中无法自拔，最终落得身败名裂的下场。为了避免这样的情况发生，中国古人特别为政治生涯的落幕设想了一种叫作归隐的美好结局。而归隐文化的源头，一般被认为是春秋时代一个叫作范蠡的历史人物开创的。

范蠡是春秋时代越国的大臣。当年，吴国和越国开战，吴国大胜，越国大败。范蠡在越王勾践一败涂地的时候投奔到越国，跟随勾践开始了复国计划。在范蠡的辅佐之下，越王勾践一步一步从败局中走出，最后成功复仇，击败了吴王夫差，成为春秋时代的新一任霸主。

在这个时刻，居功至伟的范蠡却突然急流勇退，带着家人悄悄归隐。传说，他带着妻子西施到太湖边隐居，"泛舟五湖"。再后来，范蠡改换姓名跑到齐国去做生意，赚了很多钱，齐国的国君听说他很有才能，想聘请他为相。范蠡听说此事以后，立刻把赚到的钱分给当地的乡亲父老，然后自己连夜出逃，再度归隐去了。

归隐篇　第91课

liǎng shū jiàn jī　　jiě zǔ shuí bī

两疏见机，解组谁逼。

○ **句子释义**

汉代的疏广和疏受两叔侄，看到形势不对，解下组带（辞官不做），又有谁逼他们呢？

○○ **词语释义**

两疏：西汉疏广、疏受叔侄。

见机：见到事情的苗头、形势。

组：官员身上佩戴的组带。

疏广和疏受的故事

疏广和疏受是西汉时期的名臣，他们是一对叔侄。疏受是疏广兄长的儿子。

疏广、疏受在中国历史上称为"宁邑二疏"，两人都是学问精深、为官清正的人，分别担任太傅和少傅，在当时朝中享有盛誉。正当两人的威望到达顶点的时候，疏广却突然对疏受说："我听别人这样说，知道满足人就不会遭受耻辱，知道在什么地方停止的人就不会陷入困境。我们现在已经到了俸禄有两千石的级别，做官的名声也非常好，这个时候如果不功成身退，我怕我们以后都会后悔，倒不如荣归故乡。"

于是疏广、疏受向当时的皇帝汉宣帝辞官，汉宣帝也答应了他们的请求。后来，他们回到家乡，用后半生的时间教育子孙后代，颐养天年，最后寿终正寝。

归隐篇　第92课

suǒ jū xián chǔ　chén mò jì liáo
索居闲处，沉默寂寥。

○ **句子释义**

一个人悠闲独自地生活，在沉默中享受清净。

○○ **词语释义**

索居：独居，一个人居住。

闲处：悠闲地生活。

寂寥：寂寞，但带有一丝乐在其中的意味。

大美千字 >

归隐田园的陶渊明

在中国历史上，最著名的归隐人物当属东晋时期的诗人陶渊明。

陶渊明是东晋名臣陶侃的曾孙，年轻时也非常想要做官，只不过仕途一直不顺利，人到中年还在担任基层小官员。有一次，有个上级官员要来他管辖的地区视察工作，他的下属提醒他要整理好着装迎接上级，没想到陶渊明非常愤怒地说：“吾不能为五斗米折腰，拳拳事乡里小儿。”意思是，我不能为了这一点点米的俸禄而去向这些小人献殷勤。最后，陶渊明毅然辞官不做，归隐田园去了。

陶渊明归隐田园的生活在物质方面是非常贫乏的，毕竟他是个读书人，种田不大擅长，经常是田里的荒草比庄稼还要多。他喜欢喝酒，但是没有钱买，经常要靠朋友接济才有酒喝。他住的房子也很破旧，到处漏风漏雨，家里什么东西也没有。

在这样的生活条件下，陶渊明却生活得有滋有味，他以欣赏菊花为生活中的乐趣，并以写作来忘却人世间的一切烦恼，写下了许多流传千古的文学名篇。后来，陶渊明被尊称为“隐逸诗人之宗”。

归隐篇　第93课

qiú gǔ xún lùn　　sàn lǜ xiāo yáo
求古寻论，散虑逍遥。

○ 句子释义

在研究古代历史的过程中寻找人类社会发展的规律、结论，以此排遣忧虑而到达精神逍遥的境界。

○○ 词语释义

求古：研究古代历史。　　寻论：寻求结论。

散虑：排遣忧虑。　　逍遥：快乐自由的状态。

•• 知识加油库

发达的中国传统历史学

古代中国拥有全世界最发达的历史学传统，历朝历代人们都在认真、仔细地记录着以往和当下发生的事件。其原因就在于，中国人自古以来就相信从历史中总结经验教训，可以为后来社会的发展提供重要的参考思路。所以，历史学不仅仅是研究以往发生过什么，同时还对应着当下和未来应该怎么办，这就是《千字文》里所说的"求古寻论"，也是人们常说的"知古鉴今"。

中国最早的历史学专著可以上溯到两千五百年前的《春秋》（左丘明著）。《春秋》是当时鲁国的编年史，相当于国家档案，记录每年发生的国家大事。东周时期还诞生了第一部国别史《国语》（托名左丘明著），记录各个国家有代表性的历史事件。汉代是中国历史学的成熟期，诞生了第一部纪传体通史《史记》（司马谈、司马迁著），并在《史记》的影响下诞生了《汉书》（班固、班昭著）和《后汉书》（范晔等著），开启了中国正史的传统，为二十四史开创了先河。宋代是中国历史学的另一个高峰期，诞生了气势恢宏的编年体通史《资治通鉴》（司马光等编著）。《资治通鉴》在历史学上和《史记》双峰并举，代表着古代中国历史学的最高成就。除此之外，中国传统的历史学理论也非常发达，唐代刘知几的《史通》、宋代郑樵的《通志》、元代马端临的《文献通考》、清代章学诚的《文史通义》……将中国传统历史学理论带到了相当的高度。一直到今天，中国人依然具有热爱谈论历史、研究历史的文化传统。在书店中，历史题材的书籍数量众多，这和其他国家大有不同。也许，这是因为这种沉醉于历史研究的过程让我们感到愉悦，从而使我们达到"散虑逍遥"的自由状态吧。

归隐篇　第 94 课

xīn zòu lèi qiǎn　　qī xiè huān zhāo

欣 奏 累 遣 ， 戚 谢 欢 招 。

○ 句子释义

　　高兴的情绪在心中聚集，烦闷的情绪被排遣而出，忧愁与悲伤在心中消失不见，欢乐的心情随之而来。

○○ 词语释义

　　欣：欣喜、快乐。　奏：产生。　累：负累、烦闷。

　　戚：原为"慼"，忧愁悲伤之意。简化为戚字。

　　谢：萎缩，凋零，这里指消失不见。

　　欢：开心。　招：引来、招致。

⋯ 知识加油库

《兰亭集序》的诞生

　　和我们的《千字文》密切相关的、大名鼎鼎的书圣王羲之最富代表性的一幅书法作品是《兰亭集序》。《兰亭集序》被誉为"天下第一行书"。一千六百多年前，王羲之邀请了四十多个好朋友结伴出去春游。当时的王羲之担任会稽内史之职，而他邀请的这些朋友，都是当时最有名望的文学家、思想家、艺术家、名门望族，等等。他们去了一个叫作兰亭的地方，那里依山傍水，风景优美，他们席地而坐，玩一个叫作"曲水流觞"的游戏。什么叫作"曲水流觞"？就是他们沿着一条小溪列次而坐，然后在小溪的上游放一只酒杯，让溪水带着酒杯顺流而下，酒杯停在谁的面前，谁就要作诗一首，写不出来的就要被罚酒。那一天，一共有二十多个人写下了诗篇，还有没写出来的，都被罚了酒。大家都玩得非常开心、非常尽兴。发起人王羲之就以这次活动为主题，写下了这篇叫作《兰亭集序》的文章。在这篇文章的前半段，我们可以看到大家玩乐开心、非常尽兴的场面。但到了文章的后半段，仔细阅读会发现好像情绪有所转折，王羲之告诉我们：像他们这样聚会啊，饮酒作乐啊，自己给自己找开心，其实只是为了排遣光阴易逝、人生易老所带来的悲哀，短暂的开心之后，又将面临永恒的忧伤。所以，《兰亭集序》这篇作品，不仅是书法杰作，还是一篇文学名篇，它包含着许多关于人生的思考。《千字文》里所说的"欣奏累遣，戚谢欢招"和《兰亭集序》里所说的"当其欣于所遇，暂得于己，快然自足，不知老之将至"非常接近，可以对照阅读。

四季更迭篇　第 95 课

qú　hé　dì　lì　　　yuán mǎng chōu tiáo
渠 荷 的 历 ， 园 莽 抽 条 。

◦ 句 子 释 义

（盛夏季节）水里的荷花生长得茂密又鲜艳，（春天来临）园林中的草丛长出了新芽。

◦◦ 词 语 释 义

渠：河道。

的历：茂盛的、茂密的。

园：园林。

莽：草丛。

抽条：快速长出新芽。

为什么荷花盛开在夏天？

荷花是一种生长在水里的植物。它的根须不发达，吸收土壤营养的能力很弱，所以荷花喜欢生长在安静、土质肥沃的浅水里，我们常常能在湖沼、泽地、池塘见到荷花。荷花不能离开水。夏天的荷花只要离开水几个小时，荷叶就会开始萎靡；如果离开水一天，那么荷叶的边缘就会开始变得焦枯，花蕾开始干枯。

荷花还是一种对温度要求很高的植物。温度在8℃—10℃的时候，荷花才会开始萌芽；处于25℃以下的环境才会生藕；要将温度维持在22℃—35℃这样的范围，荷花才会正常生长。所以我们在太冷或者太热的季节都很难见到荷花。

《千字文》从"渠荷的历，园莽抽条"开始，主体内容仍然是在讲归隐生活，只不过开始朝着生活细节入手，描述一个人归隐后开始留意观察和欣赏身边的事物，比如四季更迭所带来的审美变化。而《千字文》中描述四季更迭的四个句子也非常精彩，作者用四种富有代表性的植物，写出了夏天的绚烂多彩、春天的气象勃发、冬天的一抹生机、秋天的萧条寂寞。写得各具特色，精彩至极。

四季更迭篇　第96课

pí pá wǎn cuì　　wú tóng zǎo diāo

枇杷晚翠，梧桐蚤凋。

。句子释义

　　（隆冬时节）枇杷树一直坚持到很冷的时候依然青翠，（秋天来到时）梧桐树早早地凋谢了叶子。

。。词语释义

　　枇杷：枇杷树。

　　翠：翠绿。

　　梧桐：梧桐树。

　　蚤：通"早"，早早地。

　　凋：凋谢、凋零。

梧桐树为什么早早地掉了叶子？

在《千字文》中，梧桐树作为秋天的代表，早早地落叶，渲染出满地萧条的景象。这和《千字文》中描述的另外两种耐寒的植物大不相同——"如松之盛"和"枇杷晚翠"。其实，梧桐树在《千字文》前面的内容中也曾经隐含地出现过，那就是"鸣凤在树"。传说，凤凰非梧桐树不栖，那么"鸣凤在树"的树，肯定就是梧桐树。

那么，梧桐这样一种供神鸟居住的树为什么会早早地掉落了叶子呢？

原来，梧桐树对生长的环境非常挑剔，它喜欢肥沃、潮湿的土壤，喜欢充足的阳光，所以在中国南方地区种植比较普遍。如果把它放到适合的环境中去种植，梧桐树生长很快，而且寿命很长，可以存活百年以上。如果生长环境不适合，它又很容烂根枯萎。

到了气温降低的时候，梧桐树会自动把树枝上的树叶脱落下来，这样可以减少热量蒸发，避免因为温度过低而被冻伤甚至冻死。从这个角度来说，梧桐能够在艰苦的环境中保全自己，也算得上是一种非常智慧的植物。

四季更迭篇　第 97 课

chén gēn wěi yì　　luò yè piāo yáo

陈根委翳，落叶飘摇。

句子释义

老树根枯萎凋谢，树上的落叶在空中随风摇动。

词语释义

陈根：老树的树根。

委翳：枯萎凋谢。

飘摇：在空中随风摇动。

知识加油库

红叶题诗

"落叶"是中国传统文化中非常常见的一种意象，它象征着萧条、寂寞、寒冷、思乡、思人，等等。在唐代，流传着一个叫作"红叶题诗"的故事。

唐代诗人顾况有一天和朋友结伴出游，去皇宫附近玩耍，忽然看到从宫中流出的一条小溪上飘着一片红色的落叶，红叶上仿佛写着一些字。于是顾况把红叶从水中捞起来一看，上面写着一首诗："一入深宫里，年年不见春。聊题一片叶，寄与有情人。"原来是皇宫里的宫女写的，诗的意思是，自从进入皇宫成为了宫女，就再也没有见过外面的世界，我随手把所想写在树叶上，看看哪位有情人能够看到。

顾况读了之后，非常感动，于是他也在树叶上写了一首诗。第二天，他跑到皇宫溪水的上游去把树叶扔进水里。顾况的诗是这么写的："花落深宫莺亦悲，上阳宫女断肠时。帝城不禁东流水，叶上题诗欲寄谁。"意思是，花落在深深阻隔的后宫之中，时间白白流逝，连黄鹂鸟也为你感到悲哀，这是上阳宫的宫女最痛苦的时候啊。皇宫的城墙拦不住向东流去的溪水，不知道你写诗是想寄给谁？"

又过了十多天，有人在溪水的下游又见到一片题诗的树叶，就把这片树叶捡起来拿给顾况看。上面的诗是这样写的："一叶题诗出禁城，谁人酬和独含情。自嗟不及波中叶，荡漾乘春取次行。"意思是，我之前写了一首诗借着树叶漂出了皇宫，不知道谁竟然能和我心意相通与我写诗唱和。我感慨自己还不如水中的红叶啊，它至少还能够在春天的水波中自由漂行。

唐代的皇宫之中供养了数量众多的宫女，据史书记载，最高峰时各地行宫的宫女数量超过了四万。这些妙曼的女子在皇宫之中青春虚度，心情十分痛苦，所以只能借红叶来抒发自己苦闷的心情。诗人顾况对此充满了同情，却又无可奈何，令人无限怅惋。

四季更迭篇　第98课

yóu kūn dú yùn　　líng mó jiàng xiāo
游鲲独运，凌摩绛霄。

。句子释义

北海里的大鱼独自游动，突然凌空飞起，触摸到天上火红的云霞。

。。词语释义

游鲲：《庄子·逍遥游》中记载的大鱼。

运：游动。

凌：凌空飞起。

摩：触摸到。

绛：赤红色，火色。

霄：云霄。

‥知识加油库

"鲲"为什么是鸟字旁？

《千字文》中的"游鲲独运，凌摩绛霄"两句话，化

大美千字 >

用自《庄子·逍遥游》中鲲鹏之变的故事。在《庄子·逍遥游》的开篇，讲述了在北海里生活着一只大鱼，这只鱼的名字叫作"鲲"。请注意这里的"鲲"是鱼字旁。鲲有几千里那么大。有一天，它想去南海看看，于是凌空飞起变成一只鸟，这只鸟叫作"鹏"。鹏是一只巨大无比的鸟，它张开翅膀就像要遮蔽天空的云彩一样，很快就飞到了南海。

《千字文》里的"鹍"字，之所以是鸟字旁，是因为它把"鲲"和"鹏"两者结合在一起，新造了这么一个字，用一个字包含鲲鹏之变的意思。

《千字文》在这里运用鲲鹏之变的典故，暗含了两层深刻的用意。第一层用意，承接前面讲到的归隐生活。一个人从做官到辞官，从拥有世俗的名誉到变成普通人，这是生活中的重大转变，而要调整好心态，在任何环境中都能逍遥快活，这就是一种"鲲鹏之变"。

第二层用意，承接前面讲到的四季更迭。前面写到了"梧桐蚤凋""落叶飘摇"，是一种非常萧条、忧伤的情绪。而到了"游鹍独运，凌摩绛霄"这里，一笔宕开，从忧伤走向盛大的光明。我们想象一下，一只大鱼从海中高高跃起，飞向天空变成大鸟，一直触摸到天上火红的云霄，这是多么灿烂光明的景象！四季轮转，衰而复盛，人生的境遇也正当如此。

作者周兴嗣真是千古文章大手笔！

民间生活篇　第99课

dān dú wán shì　　yù mù náng xiāng
耽 读 玩 市 ，寓 目 囊 箱 。

○ 句 子 释 义

　　（东汉思想家王充小的时候）在闹市中沉溺于读书，他的眼睛里只看到皮囊和箱子里装的书籍。

○○ 词 语 释 义

　　耽：沉溺于。

　　玩市：闹市。

　　寓目：眼睛所看到的。

　　囊箱：皮囊和箱子。

大奂千字 >

王充读书

《千字文》里"耽读玩市，寓目囊箱"两句，讲的是东汉思想家王充的故事。

王充小时候，因为家里贫困买不起书，所以只能趁着家里大人去闹市赶集的时候，去看看市场上有谁带着书，他就在那里借别人的书看。王充看书的时候是完全投入其中的，投入到大人叫他，他也完全听不见。不管是身边嘈杂的环境，还是大人呼唤他的声音，都不能够影响他一门心思认真读书的状态。

就这样，王充在少年时代积累了许多知识，后来成为了一名杰出的思想家。他所著的《论衡》是中国古代重要的唯物主义哲学著作，对后世影响极大。

如果我们回顾一下《千字文》前面的内容，就会发现，从"耽读玩市，寓目囊箱"这两句开始，后续会写到一系列民间社会生活场景，这和前面讲到的宫廷生活、贵族生活截然不同，充满了浓浓的市井生活气息。这也承接着归隐生活的主题而来，一个人归隐之后，就回归到了民间的质朴生活中。

民间生活篇　第100课

yì yóu yōu wèi　zhǔ ěr yuán qiáng
易輶攸畏，属耳垣墙。

○ 句 子 释 义

（在民间生活）换一辆小车也是需要谨慎对待的，隔墙有耳（说话要小心）。

○○ 词 语 释 义

易：更换。

輶：小车。

攸：文言助词，无实际意义，在此处可以翻译为"值得"。

畏：担心、谨慎。

属耳：意为以耳触物，常谓窃听。

垣墙：矮墙、院墙。

大笑千字 >

中国古代的民间治安

《千字文》里所讲到的"易辀攸畏，属耳垣墙"，其实在客观上描述了古代民间生活的一个侧面，那就是治安状况不太好。因为治安状况不好，所以一切事情都要自己小心谨慎。比如说家里换一辆推货用的小车，这看起来是一件小事，但是如果你在家里大声地说这件事，你的邻居在隔壁听到了，以为你很富有，就有可能打你的歪主意。

那么，中国古代的民间治安状况到底怎么样呢？为了维护基层治安，中国古代设计了很多制度。比如说，中国很早就发明了户籍制度，就是严格登记管理每一个地方出生的人员信息。并且限制人员随意流动，一个人要去外地需要很多手续的审批，这样就限制了犯罪人员轻易地流亡到外地。除此之外，还有宵禁制度，就是天黑了以后不许老百姓随意出门。

尽管古代有那么多保障治安的制度和手段，但可以想象的是，没有现代刑侦技术和现代治安管理体系，古代的犯罪率是非常高的。如果一个人穿越到古代，可能他也只能像《千字文》所说的那样，小心谨慎地生活了吧。

民间生活篇　第 101 课

jù shàn cān fàn　　shì kǒu chōng cháng
具膳餐饭，适口充肠。

○ **句子释义**

准备食物开始吃饭，（要注意）既要好吃又要能够吃饱。

○○ **词语释义**

具：准备。

膳：饭食、食物。

餐：吃饭的意思。

适口：好吃。

充肠：填饱肚子。

大奖千字 >

中国的八大菜系

中国是全世界饮食文化最发达的国家之一，甚至也许没有之一。一个国家的饮食文化要发达，必须具备三个条件：第一，国土面积广大，物产富饶。因为物产富饶，可以用作食物的食材原料就会非常丰富。第二，历史悠久。唯有一个文明持续的时间足够长，才能够保证各种烹饪手法不断传承改进。第三，当下经济水平比较发达。只有在经济水平发达的前提下，作为服务行业的餐饮业才有可能蓬勃发展起来。而中国就是完美具备三个条件的佼佼者。

中国的国土面积广袤，历史悠久，在漫长的历史发展过程中，产生了很多地方名菜，后人总结为八大菜系，分别是鲁菜、川菜、粤菜、江苏菜、闽菜、浙江菜、湘菜、徽菜，各具特色，异彩纷呈。可以说中国人自古以来就享有口福，适口充肠。在今天这个信息和物流高度发达的时代，很多时候我们在自己的家乡就能够品尝到八大菜系，这是我们比古人更加幸运的地方。

民间生活篇　第102课

bǎo yù pēng zǎi　　jī yàn zāo kāng

饱饫烹宰，饥厌糟糠。

◦ 句子释义

（条件好的时候）就宰杀牲畜烹饪吃到饱，（条件不好的时候）吃酒渣和谷皮也会觉得很满足。

◦◦ 词语释义

饫：吃饱。

烹宰：宰杀、烹饪牲畜。

厌：满足。

糟糠：酿酒剩下的酒渣和谷子的皮。

•• 知识加油库

珍珠翡翠白玉汤的故事

一个人条件好的时候当然可以大鱼大肉吃到饱，但是在一个人饿了肚子的时候，哪怕再差的食物，也会让他非常满足、念念不忘。中国民间流传着一个叫作"珍珠翡翠白玉汤"的故事，说的就是这个道理。

传说，明太祖朱元璋小的时候，家里非常贫困，从来没有吃过饱饭。他从小就出门讨饭，可经常讨不到东西吃。有一次，他连续三天没有讨到东西吃，饿晕在街头。有一位路过的老婆婆同情他，把他带回家，用家里仅剩下的半块馊豆腐和烂菜叶煮了一锅汤给他喝。朱元璋在极度饥饿的情况下，竟觉得这碗汤好喝极了，简直就是人间美味！于是他问这位老婆婆，这个汤叫什么名字。老婆婆看着锅里白白的豆腐和绿绿的菜叶子，随口胡诌说，这叫"珍珠翡翠白玉汤"，朱元璋于是暗暗记在心中。

后来，朱元璋率领起义军推翻了元朝统治，又打败了许多争夺天下的对手，终于坐上皇帝的宝座。当上皇帝以后的朱元璋自然是吃过不少人间美味，可是他再也没有感受过当年喝"珍珠翡翠白玉汤"时候的那种美味了。于是，他想尽千方百计派人找到当年救他的那位老婆婆，请老婆婆再为他煮一次"珍珠翡翠白玉汤"。老婆婆笑着对他说："你当年觉得最好喝的东西，不过是用馊豆腐和烂菜叶煮成的，你当年觉得好喝，只是因为你肚子饿了。现在你觉得什么都不好吃，不好喝，是因为你什么都吃过了，什么都不缺了。"朱元璋这才明白过来，原来世界上最美味的东西，就是饿着肚子的时候吃的东西。

民间生活篇　第 103 课

qīn qī gù jiù　lǎo shào yì liáng
亲戚故旧，老少异粮。

○ 句子释义

亲戚朋友（来家里做客），要根据他们年龄的不同（口味不同）而为他们安排不同的食物。

○○ 词语释义

亲戚：有血缘或者婚姻关系的人。

故旧：老朋友。

异：不同的。

粮：粮食，这里泛指食物。

王熙凤的"老少异粮"

不同的人因为不同的年龄、不同的家庭出身、不同的身体素质，进而产生不同的饮食习惯和食物偏好，这是我们应当分辨的一点，只有这样才能为身边的人带来更好的饮食体验。在《红楼梦》中，描写了许多不同人物的饮食偏好，而在整个贾府之中，王熙凤对这一点把握得非常准确，得到了许多长辈的宠信。下面我们就一起来感受一下两个精彩的片段。

在《红楼梦》第十六回中，贾琏随意拣了两盘菜肴给乳母赵嬷嬷吃，贾琏的妻子王熙凤看见了，便说："妈妈很嚼不动那个，倒没的矼了他的牙。"又对平儿说："那一碗火腿炖肘子很烂，正好给妈妈吃。"赵嬷嬷是上了年纪的老人家，王熙凤知道她牙齿不好，所以特别安排炖烂的肘子给她吃，真可算的上是持家有道，老少异粮。

在第四十三回的一开头，贾母身体不太舒服，王夫人前去请安，问老太太身体感觉如何。贾母回答说："今日可大好了。方才你们送来野鸡崽子汤，我尝了一尝，倒有味儿，又吃了两块肉，心里很受用。"给体弱的老人家安排炖野鸡汤补身体，这又是王熙凤的精心安排，可见王熙凤在"老少异粮"这个方面真是非常擅长。

民间生活篇　第 104 课

qiè yù jì fǎng　　shì jīn wéi fáng
妾御绩纺，侍巾帷房。

句子释义

家里的小妾操纵着纺车纺织纱线，并且拿着毛巾在卧室里服侍主人的起居。

词语释义

妾：古代男人娶的小老婆。现代中国已经废除纳妾制度，实行一夫一妻制。

御：操作。

绩纺：用纺车把丝麻纺织成纱或者线。

侍：侍奉、服侍。

帷房：卧室。

大美千字 >

中国是什么时候废除纳妾制度的？

从《千字文》中所讲到的"妾御绩纺，侍巾帷房"的两句我们可以推断，尽管这个段落是在讲民间生活，但所描写的对象仍然不是普通的老百姓，而是有一定财富积累的乡绅阶层。

从现代文明的角度看，纳妾是一件野蛮、落后的事情，它在极大程度上造成了男女社会关系的不平等。所以，当几乎世界上所有的国家进入现代文明之后，绝大多数都废除掉了纳妾制度，或者一夫多妻制，取而代之的是男女平等的一夫一妻制。

1931 年，中华苏维埃第一次全国代表大会通过了《中华苏维埃共和国婚姻条例》，明确禁止一夫多妻。1939 年，陕甘宁边区政府公布的《陕甘宁边区婚姻条例》进一步明确规定，实行一夫一妻制，禁止纳妾。在中华人民共和国建立之后，1950 年，《中华人民共和国婚姻法》正式颁布，更加明确地规定禁止重婚、纳妾。从此，纳妾制度正式以法律的形式被废除。

民间生活篇　第 105 课

wán shàn yuán jié　　yín zhú wěi huáng
纨扇圆洁，银烛炜煌。

○ 句子释义

（家中的妻妾手持）用细绢制成的团扇，圆整又洁白；家里银制的烛台（点起蜡烛），晚上灯火通明。

○○ 词语释义

纨扇：用细绢制成的团扇。

圆洁：又圆又白。

银烛：用白银制成烛台。

炜煌：光辉灿烂。

大笑千字 >

纨扇：中国古代的手工艺术珍品

《千字文》中"纨扇圆洁"的"纨扇"，不是普通的扇子，而是一种手工制作的艺术珍品，最早在宫廷之中使用。由此可见，日常使用这种东西的家庭也必然不是普通家庭，而是富贵之家。

纨的意思是细绢。纨扇，就是用细绢做成的圆形的扇子，又称团扇、罗扇。西汉成帝的妃嫔班婕妤写过一首有名的《团扇歌》：

新制齐纨素，皎洁如霜雪。裁为合欢扇，团团似明月。出入君怀袖，动摇微风发。常恐秋节至，凉飙夺炎热。弃捐箧笥中，恩情中道绝。

借咏团扇表达受赵飞燕排挤、恐受君王冷落的复杂心理。

纨扇的边框和扇柄一般用竹制成，扇面用洁白的丝娟，上面绣着山水楼台、草虫花鸟等，造型精巧雅致，具有很高的美学欣赏价值。自汉代至北宋是纨扇的盛行时期。四川以及苏州、杭州的纨扇，制作最精，历史也最悠久。

民间生活篇　第 106 课

zhòu mián xī mèi　　lán sǔn xiàng chuáng

昼 眠 夕 寐， 蓝 笋 象 床。

◦ 句子释义

　　白天和晚上都可以很悠闲舒适地睡觉休息，因为家里有嫩竹子编成的床，床上还有珍贵的象牙做装饰。

◦◦ 词语释义

昼：白天。	眠：睡觉。
夕：晚上。	寐：睡觉。
蓝笋：颜色青翠的嫩竹子。	象床：象牙装饰的床。

•• 知识加油库

白天睡大觉的宰予

　　尽管《千字文》里描述了"昼眠夕寐"的悠闲生活，但是我们还是必须要明白，在中国传统文化中，白天睡大觉可不是一件好事情，它象征着懒惰和不上进。

　　我们都知道，孔子是一位循循善诱、有教无类、对学生特别有耐心的老师。可就是像孔子这么一位有耐心的老师，他的门下也有一位让他特别不喜欢的学生，这个学生就是宰予。在《论语》中，孔子多次对宰予进行严厉的批评，其中最严厉的一次是这样说的：

宰予昼寝，子曰："朽木不可雕也，粪土之墙不可杇也，于予与何诛？"（《论语·公冶长》）

意思是：宰予白天睡大觉，孔子说："腐烂的木头不能用来做木雕，被粪土弄脏的墙壁怎么刷也刷不干净。宰予这个人啊，我真是不想再说他了。"

孔子之所以这么不喜欢宰予，首先可以肯定的是宰予一定很懒。古代没有电灯、电视、手机，基本上没有什么夜生活，人们一到天黑了就会睡觉休息，而宰予晚上睡了还不够，白天接着睡，这得懒到什么程度。当然，宰予还有别的缺点，比如他的言行很不一致，孔子多次教导他也不肯听。

事实证明，喜欢偷懒耍滑的宰予确实没落得个好下场，他最终因为参与齐国的田常作乱而被杀。所以我们要知道"昼眠夕寐"在传统的儒家思想看来，自然不是一件好事，我们还是要珍惜时间，努力学习和工作。

民间生活篇　第 107 课

xián gē jiǔ yàn　　jiē bēi jǔ shāng
弦歌酒宴，接杯举觞。

○ **句子释义**

奏起音乐唱起歌，在家里举行宴会，举起酒杯（一起尽兴地来喝酒吧！）

○○ **词语释义**

弦歌：配合着弦乐唱起的歌。

觞：名贵的盛酒器，泛指酒杯。

中国古人喝什么酒？

在《千字文》全文之中，还有一个地方描写了宴会场景，就是："肆筵设席，鼓瑟吹笙。"对比本课讲到的两句"弦歌酒宴，接杯举觞"，同样是奏着音乐唱着歌、气氛欢快的宴会，我们能发现这两组句子有什么不同之处吗？

它们一个是宫廷宴会，一个是民间富贵之家的普通聚会，所以前者显得雍容华贵，有一种肃穆的感觉，而后者比较随意轻松，有一种自在的感觉。

中国是最早发明酒的古国之一，考古学发现，中国人制酒的历史至少可以上溯到 5000 年以前。不过，古代中国人喝的酒和现代人喝的酒却有所不同。在现代蒸馏技术的影响下，现代人比较习惯喝酒精含量较高的高度白酒，但古代制酒主要采用压榨和自然发酵的方式，所以古人喝的酒大多酒精度数比较低，主要以黄酒、米酒和果酒为主。

现代医学研究表明，酒精对人体的肝脏器官有较大的损害。过度饮酒会损害健康、迷乱性情，值得我们警惕。此外，未成年人饮酒会严重影响身体发育，所以我们国家严禁未成年人饮酒，也严禁所有的商户向未成年人出售酒品和酒精饮料。

jiǎo shǒu dùn zú　　　yuè yù qiě kāng
矫手顿足，悦豫且康。

○ **句 子 释 义**

（喝酒到高兴的时候）手舞足蹈，（大家相互祝酒）祝您心情愉快、身体健康。

○○ **词 语 释 义**

矫手：举起手来。

顿足：以脚跺地，表示兴奋或者悲伤，这里表示兴奋。

悦豫：心情愉快。

且：并且、而且。

康：身体健康。

●● **知 识 加 油 库**

中国古代的酒宴游戏

《千字文》所记叙的"悦豫且康"是一句古代酒席上的祝酒词，用来提升酒宴上的气氛。除了祝酒词之外，古人还发明了很多酒宴游戏来为参与酒宴的宾客助兴，同时也提升了酒宴的文化格调和趣味性。我们来看看古代几种常见的酒宴游戏。

春秋时代的诸侯贵族之间流行一种叫作"投壶"的酒宴游戏。在酒宴进行的过程中，主人把一个窄壶口的铜壶放置在一定距离之外，宾客用没有箭头的箭，投向铜壶，以箭身投入壶内为胜。并设置裁判，称之为"司射"，负责裁判胜负。胜者有权要求负者喝酒。

唐宋以来还流行另一种酒宴游戏叫作"飞花令"。这是一种诗词接龙游戏，具体玩法是主人给出一个关键字，客人要依据这个关键字说出与之相关的诗句，并且随着游戏的进行，关键字还会随着人员的传递而后移，增加了游戏的随机性和偶然性。"飞花令"对参与者的文学素养要求很高，所以在文人士大夫阶层流行甚广。今天，"飞花令"已经飞入寻常百姓家，成为了青少年和文学爱好者日常的一种文学游戏，不再局限于酒宴的场合。

还有一种古代比较流行的酒宴游戏叫作"射覆"，就是李商隐《无题》诗"隔座送钩春酒暖，分曹射覆蜡灯红"中的"射覆"。这是一种猜谜游戏，用碗或者其他器物把一件东西盖在下面，让人来猜里面究竟是什么。这似乎很难猜，古人究竟用什么办法把它猜出来呢？据说要用到占卜的方法，这就听起来太过于玄妙了。

民间生活篇　第109课

dí hòu sì xù　　jì sì zhēng cháng
嫡后嗣续，祭祀蒸尝。

○ **句子释义**

　　子孙后代一代接续一代，绵延不绝，一年秋冬两季的祭祀（决不能忘记）。

○○ **词语释义**

　　嫡：正妻所生的儿子。

　　后：后代。

　　嗣：子孙后代。

　　续：延续下去。

　　祭祀：向祖先或者神明行礼的仪式。

　　蒸尝：一年之中秋冬两季需要举行的祭祀典礼。

•• **知 识 加 油 库**

中国古代祖先信仰文化

中国古代关于信仰的文化非常特别，和其他国家和民族

　　　　　　　　　　　　　　　　　　大美千字 >

信仰造物神、自然神不同，古代中国人最核心的信仰是祖先崇拜，或者叫作祖先信仰。

什么叫作祖先崇拜呢？就是人们相信已经去世的祖先的灵魂永久不灭，并且会在冥冥之中保佑子孙后代，同时会在另外一个世界时刻注视着子孙们的行为，如果子孙争气、上进，那么祖先赐予的保佑就会更多一些；如果子孙不肖、妄为，那么祖先就会收回赐予的福报，甚至惩罚子孙。在古人心目中，每一个人都是家族谱系链条上的一个环节，一个人在世的时候做好自己的事、对家庭负责任，那么在他死后，他也会进入祖先的世界当中，有资格成为后世子孙的祖先。而一个人在世最重要的事情，就是让家族延续下来，简单来说，就是传宗接代。

基于这样的朴素信仰，古代中国人对于祭祀祖先和传宗接代这两件事情尤其重视。祭祀祖先是表达对祖先的尊重之情，而传宗接代则关系到自己未来是否可以被祖先接纳，进而是否可以灵魂不灭。这就是《千字文》里所说的："嫡后嗣续，祭祀蒸尝。"

中国古代的祖先信仰文化一直到今天还在对我们产生着重要的影响。基于这种文化传统，现代中国人对创造了灿烂文明的古代先祖充满了敬意，并以他们为榜样，时刻提醒自己创造新的、同样灿烂的现代文明，希望让我们的子孙后代在未来提起我们的时候，就像我们今天提起古人一样自豪。

民间生活篇　第110课

qǐ sǎng zài bài　　　sǒng jù kǒng huáng
稽颡再拜，悚惧恐惶。

○ **句子释义**

　　（在祖先的祭祀台前）再三叩头行礼，（因为怕自己做得不够恭敬而）感到害怕和不安。

○○ **词语释义**

　　稽颡：古代一种跪拜礼，屈膝下拜，以额触地，表示极度的虔诚。

　　悚惧：害怕。

　　恐惶：不安。

中国古代的叩头礼是怎么来的?

中国古代的礼节之中以叩头礼最为隆重,也就是《千字文》中所说的"稽颡"。叩头礼要求双膝着地,额头触碰到地面。这种隆重的行礼方式一般只对天地、君王、祖先、父母和老师使用。这种行礼的传统和其他国家很不一样,比如说,在清代,有一位英国使者叫马戛尔尼,他来到中国觐见乾隆皇帝的时候,被要求向皇帝行叩头礼。可是在英国文化中,哪怕是觐见君王,最高礼节也只不过是弯腰鞠躬,或者单膝跪地,这让马戛尔尼十分尴尬。最后他有没有向乾隆皇帝行叩头礼,至今还有不同的说法。

那么,这种隆重的礼节是怎么产生的呢?

原来,古代还没有发明桌子和椅子的时候,大家习惯坐在地上。如果要在地上坐得时间久,那么最舒服的姿势是跪着,屁股坐在自己的小腿和脚跟上。当有长辈或者上级来到,或者要表达感谢之意的时候,人们俯身向前,弯曲身体表示尊重,这时的姿势就很像后世叩头礼中双膝跪地的样子了。再后来,人们为了表示极致的尊重,在特别重要的场合或者特别重要的人物面前,在原来双膝跪地的基础上加入了额头触碰地面的动作,这就形成了后来的叩头礼。

民间生活篇　第 111 课

jiān dié jiǎn yào　gù dá shěn xiáng
笺牒简要，顾答审详。

○ 句子释义

用笔写作书面的文字，要尽可能地写得清晰简要。日常的口头交流，要说得谨慎而详细。

○○ 词语释义

笺牒：古代中国人在纸发明以前用来书写文稿的竹片或者木片。

顾答：回答，这里指与他人的口头交流。

审详：谨慎而详细。

•• 知识加油库

中国古代文章写作为什么推崇简洁之美？

中国古代的文章写作和文章理论水平非常高超，在历朝历代众多的文章名家和文章理论家的观念中，简洁是文章写作的一个重要的审美标准。这是为什么呢？

这是因为，中国古代最早成系统、成篇章的文章产生于春秋战国时期。那个时候纸张还没有没发明，大多数时候，文字只能写作在竹简或者木简上。就是把竹子或者木头，削成一片片薄片，把文字写在这些薄片上，再用绳子把它们串连起来，卷成一捆，要看的时候再把它展开。这就是《千字文》里所说的"笺牒"。竹简或者木简非常重，如果不能很简洁地表达清楚意思，翻来覆去地重复，就一定会影响到文章的传播效率。举个例子来说，书信是中国古代文章常见的一种形式。我们可以想象一下，写给别人的书信，如果写得过长，那么就一定会很难运输。书信是这样，像《春秋》《尚书》这样的国家档案，或者《老子》《孙子兵法》这样的诸子散文也是如此。

所以中国古代文章写作，在源头上就确立了一种言简意赅的语言风格，用尽可能少的文字，去表达尽可能多的含义。清代的桐城派古文理论家把这样的文章审美格调称为"雅洁"，既文雅，又简洁。这也就是《千字文》里所说的"笺牒简要"。

为什么在"笺牒简要"后还有一句"顾答审详"呢？这是因为，口头的交流和书面语言表达不尽相同。口语的讲述不像书面语写作那样，可以深思熟虑，字句雕琢。说得太快或者太简单，都容易引起别人的误会，所以在我们说话的时候，应该注意既谨慎，不要说得太快，同时还要说得详细，让别人明白自己的意思。

民间生活篇　第112课

hái gòu xiǎng yù　　zhí rè yuàn liáng
骸垢想浴，执热愿凉。

○ 句 子 释 义

身体脏了，就想洗澡，手拿着热的东西，就想马上凉快下来。

○○ 词 语 释 义

骸：尸骸或者身体，这里指身体。

垢：弄脏。

执：手拿着。

·· 知 识 加 油 库

古代中国人是怎么洗澡的?

古代不像现代一样有电热水器，也没有香皂、洗发水等洗浴用品，所以洗澡并不是一件容易的事。正是因为洗澡不容易，所以中国古人把洗澡看作是一件非常神圣的事情，在重大事件举行之前才要洗澡，表示身体清洁了，对所要做的事情也就更加重视了，比如祭祀、婚嫁、丧礼，等等。

浴池出现在秦汉时期，不过早期的浴池主要建造在皇宫中，供宫廷贵族使用。公共的浴池，也就是我们俗称的澡堂子出现在中国元代，当时的元大都（城址在今天的北京）已经出现了供平民阶层使用的、价格低廉的公共浴池。除了人造的浴池以外，古人还会寻找户外温泉去洗澡。

关于洗澡所用的清洁用品，古人主要使用的有草木灰，即草木烧成的灰渣；皂荚，这是一种天然生长的豆科植物，具有清洁、去污，护养皮肤的作用，一直到现代还有人使用天然皂荚洗澡；淘米水，据说古代的人们相信用淘米水洗澡可以起到保养皮肤的作用。

相比起洗澡困难的古人，生活在现代的人们可以轻易获得洗澡所需的热水和洗浴用品，这是我们比古人幸福的地方，也标志着时代的进步。

顺便说一下，这两个句子是整部《千字文》中最没有文采的句子，几乎接近于大白话。这是不能够苛责作者周兴嗣的事情，因为《千字文》具有字不重复的特点，越写到后面，可以使用的字就越来越少。《千字文》写到这里，已经开始接近尾声，所以作者写出了个别明显带有生搬硬凑的句子，也实属情有可原。但在经过一小段文采的低谷之后，《千字文》在文章最后重新发力，再一次爆发出了文采高峰，关于这一点，我们在后面会着重讲到。

民间生活篇　第113课

lú luó dú tè　　hài yuè chāo xiāng
驴骡犊特，骇跃超骧。

○ **句 子 释 义**

家里圈养的驴子、骡子和牛，在受到惊吓的时候会狂奔乱跳。

○○ **词 语 释 义**

骡：驴和马杂交所生后代，兼有马的力量和驴的持久
　　力。

犊：小牛。

特：公牛。

骇：受到惊吓。

跃：跳起。

骧：动物奔腾的样子。

•• **知 识 加 油 库**

中国古代的"六畜"

古代中国是一个农业文明大国，伴随农业生产而来的，往

往是发达的家畜饲养技术。在古代，马、牛、羊、鸡、犬、豕（shǐ，就是猪）是人们最常饲养的六种动物，合称"六畜"。

在"六畜"之中，马主要是用来运输重的东西，或者用来骑行，主要担任交通运输的功能。

牛，主要是用来耕地。在农业生产中，松土、翻地需要很大而且很持久的力气才能完成，仅仅凭借人的力量很难实现。所以，力气大，持久力强，并且性格温顺的牛就承担了这一重任。值得一提的是，古人对牛非常重视，在很长时间里是不允许杀牛、吃牛肉的。一直到进入了现代社会，随着机械化生产逐渐取代动物力量生产，牛肉才开始正式走上了中国人的餐桌。

羊和鸡是古代中国人主要的肉食来源。而猪肉在今天虽然比较常见，但是在古代的时候，由于野猪被驯化为家猪的时间很晚，所以中国人吃猪肉的历史实际上没有吃羊肉和鸡肉长。

狗是用来看家护院，起到预警、保安的作用。

《千字文》里所讲的"驴骡犊特"，是指驴子、骡子和牛三种动物。驴子和骡子跟"六畜"之中的马比较接近，都是承担交通运输功能的家畜。而在《千字文》中，曾经还出现过和动物相关的句子，比如"鳞潜羽翔""鸣凤在树，白驹食场"。前面这些关于动物的句子，要么表现出万物自由生长，要么表现出神品高洁不凡，而到了"驴骡犊特，骇跃超骧"这里，则展现出一股浓浓的、鸡飞狗跳的古代乡村风格。对比阅读之下，别有一番趣味。

民间生活篇　第114课

zhū zhǎn zéi dào　　bǔ huò pàn wáng

诛斩贼盗，捕获叛亡。

○ 句子释义

（政府依照法律）诛杀那些造反和抢劫的人，抓捕那些叛变或者逃亡的士兵。

○○ 词语释义

诛：处死犯下重罪的人。

贼：造反的人。

盗：偷窃或者抢劫的人，这里应该指抢劫的人。

叛：叛变的人。

亡：逃跑的人。

·· 知识加油库

中国古代的法律制度

中国古代的法律制度最早是以"礼"的形式体现出来的，也就是《千字文》中"礼别尊卑"的"礼"。"礼"是早期中国法律制度的雏形。"礼"带有一定的规范性，但是它的体系性和量化程度还很不完善，对于行政管理而言效率不够高。所以在竞争激烈的战国时期，"礼"不可避免地要走向"法"。先秦时代法家学派的代表人物韩非和李斯都是儒学大师荀子的学生。由此也可以说，法家思想是对儒家思想的一种深化发展。

中国古代早期的法律主要集中在刑法这个领域，也就是规定一个人做了什么错事，犯了什么罪，就要接受相应的惩罚。这也就是《千字文》所说的"诛斩贼盗，捕获叛亡"。造反、抢劫、叛乱、逃亡，这些行为在古代都属于重罪，是要受到法律严厉的处罚的。

汉代开国丞相萧何以《秦律》为基础，制成《九章律》，确立以律、令、科、比为形式的一整套法律制度。后来，历朝历代都有比较完备的法律制度，并以国家文件的形式发布出来。比如，隋朝的《开皇律》、唐朝的《唐律疏议》、宋代的《宋刑统》、明代的《大明律》，等等。

今天的中国是现代法治国家，依法治国是现代中国的基本国策。随着时代的不断进步和发展，现代中国的各项法律法规不断完善。树立法治思想，是每一个现代中国人都应该具有的基本观念。

传奇人物篇　第 115 课

bù　shè　liáo　wán　　　jī　qín　ruǎn　xiào
布射僚丸，嵇琴阮啸。

句子释义

　　吕布善于箭法，宜僚善于玩弹珠，嵇康善于弹琴，阮籍善于站在山林之上长啸。

词语释义

　　布：三国时期的勇将吕布。

　　僚：春秋时期楚国的杂耍家宜僚。

　　嵇：魏晋时期著名哲学家、文学家、音乐家嵇康，"竹林七贤"之一。

　　籍：魏晋时期著名哲学家、文学家阮籍，"竹林七贤"之一。

大美千字 >

辕门射戟

东汉末年，军阀混战。袁术派大将纪灵前去攻打刘备，此时的刘备军事势力弱小，便去向吕布求援。吕布不愿看到袁术消灭刘备，从而使得袁术的势力过于庞大，便提出要做双方的和事佬。

纪灵奉命领兵前来，自然不肯无功而返。于是，吕布把纪灵和刘备约到自己的军营中，并在军营外的辕门插下自己的兵器方天画戟。吕布对双方说："我想要做和事佬，请你们两家罢兵而去，只怕你们心里不服。这样，我把这件事交给老天爷来决定。我们这里距离辕门的方天画戟有一百五十步远，方天画戟上有一个小孔，我用弓箭去射那个小孔。如果能够射中，说明老天爷要你们停止作战，那就请你们各自离开。如果射不中，随便你们怎么打，我都不再干涉。"

纪灵一看，方天画戟那么远，小孔又那么小，他认为吕布不可能射中，就同意了这个约定。只见吕布张弓射箭，轻轻松松就把箭射过了方天画戟的小孔。纪灵这才知道，吕布这是在向他展示武力，如果自己执意向刘备发动进攻，必然会带来吕布的报复，于是只好罢兵而去。

宜僚抛丸

宜僚是春秋时期的楚国人，他会一手类似马戏团小丑扔瓶子、抛火把一类的杂耍绝活。

有一次，楚庄王的军队包围了宋国的都城，但久攻不下，双方陷入了僵持的局面。一天，双方摆开阵势又准备拼杀。千钧一发之时，宜僚突然来到两军阵前玩起了抛球的杂耍，由于他的杂耍技术实在太过高明，宋军都被他精彩的表演给吸引住了。这时楚军突然趁其不备冲杀过来，宋军不战而败。

嵇康和《广陵散》

嵇康是魏晋时期著名的哲学家、文学家、音乐家，他才华横溢，性情高傲，拒绝和当时的权臣司马昭合作，最终遭到司马昭的杀害。

在嵇康被处死的那一天，五百名太学生到刑场上为他送行。嵇康在临刑前面不改色，拿出他的古琴，抚琴一曲，并告诉大家："我弹的这个曲子，叫作《广陵散》，流传到今天只有我一个人会弹。我死之后，《广陵散》从此就真的失传了。"一曲奏罢，从容赴死。

阮籍长啸

阮籍是魏晋时期著名的哲学家、文学家，他是嵇康的好朋友，两人并称"嵇阮"。阮籍和嵇康一样，也拒绝和司马昭合作。只不过阮籍拒绝司马昭的方法和嵇康不一样，阮籍只要一听说司马昭派人来请他做事，他就立刻在家里喝很多酒，一直喝醉到没有办法谈论正事。阮籍用这种消极的方法来抵抗司马昭，让司马昭毫无办法。

阮籍因为身处险恶的政治环境而感到心情压抑。于是，他经常一个人走上山林，独自仰天长啸，排遣自己内心的苦闷，这就是著名的"阮籍长啸"。

传奇人物篇　第116课

tián bǐ lún zhǐ　　jūn qiǎo rén diào
恬笔伦纸，钧巧任钓。

○ **句子释义**

蒙恬发明了毛笔，蔡伦发明了纸，马钧发明了水车，任公子善于钓鱼。

○○ **词语释义**

恬：秦朝大将蒙恬，传说他发明了笔。

伦：东汉人蔡伦，《后汉书》记载是他发明了纸。

钧：三国时期发明家马钧，他发明了灌溉农田的水车。

任：任公子，《庄子》中记载的一个神话人物，善于钓鱼。

大美千字 >

四位传奇人物

《千字文》中"恬笔伦纸，钧巧任钓"两句所讲到的四位传奇人物，分别是发明毛笔的蒙恬、发明纸的蔡伦、发明灌溉水车的马钧和善于钓鱼的任公子。

实际上，毛笔的发明远远早于蒙恬的时代。从流传下来先秦文物可以知道，早在战国时期人们就已经利用毛笔在竹简或者绢帛上进行书写了，而蒙恬是秦始皇时代的人物，所以蒙恬发明毛笔这件事只是一个传说。

关于蔡伦发明纸这件事，在正史《后汉书》中确有记载。不过，早在蔡伦之前，早期的纸张已经发明。目前比较公认的观点是蔡伦改进了造纸技术，他采用树皮、麻头、破布、旧渔网为原料造纸，降低了造纸成本，为纸张的普及做出了贡献。

马钧发明灌溉水车的事件，在正史《三国志》中确有记载，可信度比较高。

任公子垂钓的事迹出自《庄子·外物》。传说任公子有一个巨大的钓鱼竿，他用五十头牛作为鱼饵投到东海里去钓鱼，用了一年的时间钓起了一条巨大无比的大鱼，大到他把这条鱼做成腊肉，浙江以东、苍梧以北的人都来吃都吃不完。这个故事听起来非常有趣，很符合《庄子》一书宏大的想象力。

传奇人物篇　第 117 课

shì fēn lì sú　bìng jiē jiā miào
释纷利俗，并皆佳妙。

○ **句子释义**

（以上四句话提到的八位人物）他们都是能够排解世间纷争，为普通人带来利益的人，他们都非常优秀和杰出。

○○ **词语释义**

释：解开、排解。

纷：纷争、纷扰。

利：为……带来利益。

俗：普通人。

佳妙：这里是优秀和杰出的意思。

　　　　　　　大美千字 >

苦心积虑的周兴嗣

"释纷利俗，并皆佳妙"这两句话，是对前四句话，也就是前两课内容的一个总结。从这里我们可以看出，《千字文》写到这里，作者周兴嗣已经处于非常艰难的地步了。从前面学习过的《千字文》内容来看，周兴嗣是一个行文布局非常严谨，措辞非常考究的文学大师，但写到这里的时候已经开始出现明显的行文漏洞，这是前面的内容没有见到过的。

具体来说，周兴嗣将前面提到的八位人物总结为排解世间纷争和为普通人带来利益两种类型。按照这种划分，辕门射戟的吕布固然可以算得上是"释纷"，发明毛笔的蒙恬、发明纸的蔡伦、发明灌溉水车的马钧和善于钓鱼的任公子也算得上是"利俗"。可是，还有三位人物，抛球杂耍的宜僚、抚琴而终的嵇康、长啸山林的阮籍，尽管他们都各有特色，但是却和"释纷利俗"一点关系也没有。

这样明显的败笔，当然不是因为周兴嗣的文学能力有所欠缺，真正的原因是，他一直在用指定的一千个单字苦心支撑。行文到接近尾声的段落，还能保持连成完整的句子，而且还能够保持押韵，这已经是不容易做到的事情了。所以，《千字文》中的白璧微瑕，恰恰能看出作者苦心积虑的过人之处。

máo shī shū zī　　gōng pín yán xiào
毛施淑姿，工颦妍笑。

○ 句子释义

（历史上有两位绝色美人）毛嫱和西施容貌过人，不管是皱眉头还是微笑都是那样美丽。

○○ 词语释义

毛：春秋时代美女毛嫱。

施：春秋时代美女西施。

工：善于做某事。

颦：皱眉头。

妍：美丽。

沉鱼落雁和西子捧心

毛嫱和西施是中国春秋时期最有名的两位美女。

有一个成语叫"沉鱼落雁"，用来形容女子的美貌。这个成语最早是专门用来描写毛嫱的。传说，飞翔的大雁见到毛嫱美丽的样子，会震惊到从空中坠落，水中的鱼儿见到毛嫱，会自惭形秽地钻进水底。这就是"沉鱼落雁"的由来。

关于西施，也流传着一个非常有名的故事。传说，西施虽然容貌美丽，但是身体不太好，有时心口会突然疼痛。在她心痛的时候，她会手捂着心口，脸上皱起眉头。一般来说，女孩子皱眉头总是不大好看的，可因为西施长得太美了，就连她皱眉头的样子也让人觉得楚楚可怜，别有一番美丽。所以人们把西施捧着心口、皱着眉头的样子，称为"西子捧心"，意思是，哪怕在最不美丽的表情下，西施仍然是美的。

尽管"毛施淑姿，工颦妍笑"这两句话写得文采还不错，但从上下文意思来看，前后不相关联。所以这两句话实际上仍然是在凑字数。不过好在这是《千字文》为数不多的，也是最后一处凑泊的句子。接下来，《千字文》就要进入它华丽的结尾段落了！

天人合一篇　第119课

nián shǐ měi cuī　　xī huī lǎng yào

年矢每催，曦晖朗曜。

。句子释义

　　时间像射出的利箭一样飞逝催人衰老啊，太阳亘（gèn）
古不变地高悬在天空中散发光芒。

。。词语释义

　　年矢：矢是箭头的意思，年矢比喻像射出的利箭一样飞

　　　　　快的时间。

　　每：常常、经常、时时刻刻。

　　催：催人衰老。

　　曦：早晨的阳光。

　　晖：泛指太阳发出的光芒。

　　朗：明朗、明亮。

　　曜：照耀。

从天象回归天象，用人生点亮宇宙

还记得《千字文》最初的几个句子吗？

"天地玄黄，宇宙洪荒。日月盈昃，辰宿列张。"《千字文》由日月星辰开篇，到结尾处又以日月星辰与开篇遥相呼应。如果我们足够细致地去体会开头写到的日月星辰和结尾写到的日月星辰，我们就会发现，开头写到的日月星辰是舒缓的，是沉静的，而结尾写到的日月星辰是流动的，散发着夺目的光彩。

究竟是什么，点亮了亘古永恒的宇宙？

在《千字文》中，我们领略了人类历史从远古洪荒走来，领略了亲情道德，领略了都市繁华，领略了功名富贵，领略了壮美山河，领略了世间冷暖……是《千字文》所书写的人生，是古往今来每一个鲜活的人生点亮了宇宙万物。

这就是《千字文》结尾开始发力的地方。让我们一起，"慎终宜令"地开启《千字文》最后一个段落的学习。

天人合一篇　第 120 课

xuán　jī　xuán　wò　　　huì　pò　huán zhào
璇玑悬斡，晦魄环照。

◦ **句 子 释 义**

　　夜空中的北斗星一刻不停地运转，月亮圆了又缺，光辉普照大地。

◦◦ **词 语 释 义**

　　璇玑：古代称北斗星的第一星至第四星。

　　悬：悬在夜空中。

　　斡：旋转、运转。

　　晦魄：晦，指农历每个月的最后一天。魄指微弱的月
　　　　　光。晦魄连在一起，指农历每个月最后一天的
　　　　　月光，泛指月光。

 大美千字 >

中国传统文化中的北斗星

在中国传统文化中，北斗星具有独特的文化意义。作为天象的北斗星和作为地象的泰山一样，象征着神圣与权威，所以被并称为"泰山北斗"。

北斗是由天枢、天璇、天玑、天权、玉衡、开阳、瑶光七星组成的。天枢、天璇、天玑、天权组成斗身，古代称之为"魁"，也就是《千字文》里所说的"璇玑"；玉衡、开阳、瑶光组成斗柄，古代称之为杓（biāo）。

根据中国古代天文学著作《甘石星经》记载："北斗星谓之七政，天之诸侯，亦为帝车。"大意是，北斗星就像天帝的马车，一刻不停地围绕着天帝，也就是北极星运转。

正是因为北斗星在中国传统文化中具有这样特殊的文化含义，所以，当代中国自行研制的全球卫星导航系统，就以"北斗"命名。中国北斗卫星导航系统（英文名称：BeiDou Navigation Satellite System，简称 BDS）是继 GPS（美国）、GLONASS（俄罗斯）之后的第三个成熟的卫星导航系统。2020年 7 月 31 日上午，北斗三号全球卫星导航系统正式开通。

北斗卫星系统的建成，标志着中国在现代太空探索领域和现代通讯领域已经站到了世界的最前端，它会深刻地影响着我们未来的日常生活，并且把中国现代文明带向新的高度。

天人合一篇　第121课

zhī xīn xiū hù　yǒng suí jí shào
指薪修祜，永绥吉劭。

○ **句子释义**

我要用这渺小的生命去造福这个世界啊，让神明世世代代保佑我的子孙后代。

○○ **词语释义**

指：通"脂"，这里是身体、生命的意思。

薪：柴火，这里是燃烧、点亮的意思。

祜：上天赐予的福气。

绥：平安、稳妥。

劭：美好。

示字旁的汉字

在汉字当中，有一个偏旁特别常见，那就是示字旁。示字旁因为和衣字旁长得非常像，所以在书写当中经常被人们搞混淆。实际上，如果我们明白它们所代表的含义，就不会再弄混了。

衣字旁的字几乎都和穿着的衣服、衣物有关，比如：衬、衫、裙、裤、袖，等等。

而示字旁的示，最早表示自然界发生的一些现象，人们认为这些现象代表着神明传达的旨意，并通过这些现象来推断吉凶。所以"示"字，最早是表示神明的旨意。

到后来，"示"字和其他汉字组合在一起变成了示字旁。大多数示字旁的字都和神明或者祭祀神明、神明保佑有关系。比如说：神、社（祭神的地方）、礼（祭神的器具）、福（祭神的酒肉），等等。

《千字文》"指薪修祜"句中的"祜"字也是如此。"祜"虽然是一个在今天不太常用的字，但是通过它的偏旁，我们还是能大致猜测出它的意思，它也和神明有关，表示受天之福。

天人合一篇　第122课

jǔ bù yǐn lǐng　　fǔ yǎng láng miào

矩步引领，俯仰廊庙。

○ **句 子 释 义**

步态庄重地来到朝廷之上，抬头觐（jìn）见尊贵的皇帝，低头视察群臣。

○○ **词 语 释 义**

矩步：方步，表示很庄重地走路。

引领：这里应该是指带领下属。

俯仰：字面的意思是抬头和低头。推断这里的意思，
　　　仰应该是指抬头觐见皇帝，俯应该是指低头视
　　　察群臣。

廊庙：朝廷。

•• **知 识 加 油 库**

中国古代的庙堂文化

"庙"这个字，在今天往往让我们联想起宗教场所，比

如说最常见的，佛教或者道教的寺庙。但实际上，中国古代的"庙"最早并不是来自佛教和道教，或者说，是佛教和道教借用了中国古代文化中"庙"这个概念。

庙最早是指中国古人祭祀祖先的地方。"庙"是广字头，广字头代表房子，所以中国古人是专门修了一所房子来祭祀祖先，这种早期的庙，叫作"宗庙"。宗，是家族的意思。

最早的时候，祭祀神明是不在房子里进行的，而是在户外进行。后来，受到宗庙的影响，人们把祭祀神明的活动也放到房子里来进行。于是，祭祀祖先和祭祀神明的房子就统称为庙。

再后来，随着时代发展，君主权力兴起，需要修建王宫。王宫的后面是君主日常生活的地方，被称为"寝"，王宫前面是君主和臣子处理国家事务的地方，被称为"庙"。这样一来，"庙"就从一种祭祀场所变成国家政治的中心，又被叫作"廊庙"或者"庙堂"，也就是我们常说的"朝廷"的意思。

《千字文》"俯仰廊庙"句中的"廊庙"，以及宋代文学家范仲淹在《岳阳楼记》"居庙堂之高则忧其民"句中的"庙堂"，都是指朝廷的意思。

天人合一篇　第123课

shù dài jīn zhuāng　pái huái zhān tiào
束带矜庄，徘徊瞻眺。

○ 句子释义

整理好自己的衣服和帽子，让自己变得严肃又稳重，（在处理国家政治事务的时候）思维缜密，高瞻远瞩。

○○ 词语释义

束带：整理自己的衣服和帽子。

矜庄：严肃稳重。

徘徊：字面的意思是走来走去地踱步，这里的意思应该是指缜密地思考国家大事。

瞻眺：字面的意思是瞻望远眺，向远处看，这里的意思应该是指为国家大事做出长远的考虑。

•• 知识加油库

向未来的国家栋梁发出的鼓励

"徘徊瞻眺"这四个字细细品味，意味深长。对于身居

大美千字 >

高位的国之重臣而言，在面对复杂的国家政治事务的时候，往往不能够轻率地做出决定，因为国家高层所做出的每一个决定，都会影响到普天之下万千百姓的命运。所以凡事必须思前想后，要像踱步一样来来回回地把各方面的利害得失全都思考清楚才能做出判断。此外，一个杰出的政治家还必须具有高瞻远瞩的长远目光，这样，才能带领一个国家免于灾祸，走向强盛。

要知道，《千字文》最初的用意，是作为写给皇族子弟的启蒙识字教材。《千字文》最初所教授的对象，都是最高级别的贵族子弟。在古典时代，这些孩子们长大之后很大可能将会被培养成为国之重臣，进入到朝廷之中参与最核心的国家政治事务。

所以，"矩步引领，俯仰廊庙。束带矜庄，徘徊瞻眺"这几个句子，实际上是在鼓励正在学习《千字文》的孩子们：你们有一天会长大成为栋梁之才，那时你们一定要谨慎而有远见啊，因为你们的肩膀上担负着国家命运的重任！

而在今天，我们每一个学习《千字文》的孩子都有可能在各个领域成为国家的栋梁之才。希望我们从小就能感受到来自《千字文》的这份鼓励，在未来，谨慎而有远见地"矩步引领"我们的国家。

结束篇　第124课

gū lòu guǎ wén　　yú méng děng qiào

孤陋寡闻，愚蒙等诮。

○ 句子释义

　　（我周兴嗣）学问浅薄，见识贫乏，（恭敬地写下这篇《千字文》）等待皇帝和未来的有识君子责备我的愚蠢和蒙昧。

○○ 词语释义

　　孤陋寡闻：学问浅薄，见识贫乏。这里是作者周兴嗣的自谦之词。

　　愚蒙：愚蠢和蒙昧。

　　诮：责备。

谦虚的结尾

整部精彩纷呈的《千字文》到这里就徐徐落下帷幕了。

周兴嗣用了两句非常谦虚的话来作为整部作品的结尾——"孤陋寡闻，愚蒙等诮"，这是古代中国人谦谦君子之风的体现。

当然，从来不会真的有人认为周兴嗣孤陋寡闻。千百年以来，人们一直被他的博学睿智和才华横溢所深深打动。

结束篇　第125课

wèi yǔ zhù zhě　　yān zāi hū yě
谓语助者，焉哉乎也。

◦ 句子释义

　　（文章写作的结尾）有所谓的语气助词，叫作焉哉乎也（就用它们来结束整篇《千字文》吧）。

◦◦ 词语释义

　　谓：所谓的。

　　语助者：语气助词。

　　焉哉乎也：四个文言文中常用于句尾的语气助词。

文言文中常见的语气助词

在古代的文言文写作当中，经常会把语气助词放在句子的末尾起到停顿或者结束的作用。整部《千字文》最终以四个语气助词作为真正的结尾，表示它就像一句语义通顺的句子，是一部文义连贯、一气呵成的作品。

在《千字文》中，除了结尾"焉哉乎也"这四个字之外，还出现过两个语气助词，分别是："盖此身发"的"盖"，"曰严与敬"的"曰"。

焉、哉、乎、也，这四个字，一般放在文言文句子的末尾，表示句子的结束。除了这几个字外，还有一些字也可以放在句尾表示句子结束，比如耳、矣、以、欤，等等。

而放在句首的语气助词，除了《千字文》里的盖和曰之外，常见的还有夫、唯、其、粤，等等。